Maxence Debreuil

Les petits comptes de la République

roman

Ce livre a été publié sur www.bookelis.com

ISBN : 979-10-359-5172-6

Avertissement

Les noms des protagonistes, des firmes impliquées, et des procédures et codes ont été modifiés à l'exception de ceux des présidents de la République en exercice à l'époque des faits. Cette fiction est une interprétation romancée d'évènements réels.

Chapitre 1

Septembre 2001

Les écrans larges superposés et alignés en rangées disciplinées clignotent inlassablement saisis d'une agitation lumineuse inhabituelle.

Une centaine de traders sur l'open-space, vêtus pour la majorité de simples chemises blanches partiellement déboutonnées, agrémentées pour les coquets de cravates desserrées, se cramponnent à leurs combinés téléphoniques. La plupart inquiets, le regard hagard, observent impuissants la chute des cours ; d'autres paniqués insultent leurs courtiers, tapent frénétiquement sur des claviers reliés aux terminaux de négociation électronique ou ceux des diffuseurs d'information Bloomberg et Reuters ; quelques-uns, plus débonnaires, jouent avec des balles en mousse et d'autres gadgets généralement nombreux dans les salles de marché ou dissertent fatalistes au téléphone avec leur maitresse pour commenter le crack en cours.

Aux toilettes, Vincent fait une queue plus longue que d'habitude. Peu se cachent chez les futurs licenciés pour renifler un bon rail de cocaïne et retrouver le moral. Vincent est un peu bousculé par son voisin de droite et celui de gauche qui, comme lui, dessinent des lignes blanches régulières sur l'évier avec leurs cartes de crédit "Platinium". « Magnez-vous les mecs ! » hurlent les junkies derrière eux. On se demande qui vient ici pour pisser en ce moment. Dans le large miroir qui renvoie son visage marqué par la coke, la cupidité, la jouissance et l'alcool, Vincent voit apparaitre la silhouette frêle d'un cadre des ressources humaines engoncée dans un costume de médiocre qualité. L'expression effarée, la bouche en cul de poule, presque figée, les yeux écarquillés derrière des lunettes fines en métal doré, abasourdi devant une telle débauche décadente au cœur de la banque, le petit soldat se met à crier strident : « Arrêtez-vous tout de suite ! Arrêtez-vous tout de suite ! Je vous demande de vous arrêter ! Il y aura des sanctions ! Il y aura de lourdes sanctions ! »

Les junkies-traders, le nez blanchi, rient nerveusement et, sous l'effet stupéfiant, répondent par des « Va te faire enculer ! » avant de se taper dans la main, hilares.

« Il parait que lors de la chute de Berlin, les derniers SS ont partouzé pendant plusieurs jours avec des chiennes nazies débridées » dit l'un d'eux. » « Ouais, ouais ! » Approuvent les autres. Décidément, c'est la fête aux toilettes.

De retour à son bureau le Dow Jones a encore décroché de cinquante points. « Il ne peut pas attendre ce CONNARD ! » beugle Vincent à moitié énervé, à moitié dépassé par les évènements. Le marché a perdu

14% dans la journée. Enfin bref, comme il était long, c'est-à-dire acheteur « parce qu'il anticipait un PUTAIN de rebond ! », son « book » a explosé comme le tableau final d'un feu d'artifice. Tout est perdu. Il regarde impuissant sa perte s'alourdir à la vitesse d'une boule de neige lancée du sommet du Kitzbuhel. « FAIS CHIER ! » éructe-t-il en proie à un stress paroxystique. Ses collègues absorbés par leurs propres malheurs ne lui prêtent aucune attention. Ils essaient, collés au phone, de sauver ce qui peut l'être. Des « bureaucrates » pour la plupart pense-t-il. Comme lui au fond. Des ronds de cuir diplômés qui se projettent surhomme et que la réalité écrase et éjecte d'un paradis élitiste et fragile.

Il saisit son portable en proie à une libido montante générée par la drogue et la situation : la poudre, à canon et à coca, ça le fait bander.

« Allo Marlène ! » crie-t-il dans le tumulte de la salle incandescente. « Vincent ! » répond une voix féminine suave à l'accent tchèque. « Comment vas-tu mon chou ? » « Marlène, possèdes-tu un uniforme nazi ? » Demande-t-il « Un quoi ? » « Un uniforme nazi, SS si tu préfères, avec un cravache ? » « Euh non, enfin non ! » Rit la call girl. « Marlène ! » « Oui mon chou ? » « Peux-tu au moins parler allemand ? » « Oui mon chou ! Kein problem ! » S'esclaffe-t-elle.

Se saisissant de sa veste, il écarte d'un revers de bras le roquet des ressources humaines venu au-devant de lui pour aboyer la face rougie - et sur laquelle ses lunettes dorées forment un contraste clownesque saisissant - : « Où allez-vous ? Hein ? Où allez-vous ? Désertion de poste ! Drogué ! J'ai signalé votre comportement ! Vous m'entendez Leroux ? Vous m'entendez ? »

Il n'entend plus personne, il n'entend plus personne depuis plusieurs heures, il n'entend pas grand-chose dans le 'grand-huit'.

« Je vais baiser. » répond-il simplement avant de s'extraire de l'aquarium déliquescent et d'inspirer, cueilli sur le trottoir frais, une bouffée d'air salutaire.

Chapitre 2

Le lendemain matin, aux premières heures du jour, le smog londonien couvre les rues de son voile austère et humide. Leroux marche solitaire, hirsute, après sa partie de jambes en l'air chez Marlène et quelques rails déraisonnables. Son épouse, d'une famille estimable, follement amoureuse de cet homme si extraordinaire l'avait appelé de manière frénétique la nuit durant et face à une énième sonnerie il lui avait fallu une certaine concentration pour décrocher.

- Allo chérie ?
- Où es-tu ? S'égosille sa femme. Que se passe-t-il ? Pourquoi n'es-tu pas rentré ? J'étais morte d'inquiétude !
- J'étais au bureau, répond-t-il épuisé.
- Au bureau toute la nuit ! Tu te moques de moi ? Pas de « bullshit », je te prie !
- Ecoute chérie, je ne suis pas très en forme, j'ai vécu une journée catastrophique, j'ai perdu beaucoup d'argent. Je me suis saoulé la gueule avec mes collègues, j'étais totalement défoncé.

On a fini chez Peter, je me suis écroulé chez lui. Pardonne-moi, j'en avais besoin.

- Peter est un dépravé ! Je suis tellement désolé pour toi chéri se radoucit son épouse toujours subjuguée par son homme. C'est la dégringolade aujourd'hui ? Enchaine-t-elle. Pourquoi ne m'en as-tu pas parlé ? Tu sais que je te soutiens mon amour !

Elle avait suivi les évènements, la chute brutale des places boursière qui s'affichaient en une de tous les médias depuis deux jours. Le côté « bad boy surdiplômé » de son mari, sa détermination et sa beauté formaient à ses yeux un cocktail irrésistible. Elle interprétait le regard des autres femmes envieuses de leur couple comme la preuve qu'elle avait décroché le mâle convoité et s'était hissée au sommet de la pyramide du bonheur.

- Oui chérie, je sais, pardonne moi, réitère Vincent, soulagé d'éviter une scène.
- Mais enfin, que va-t-il se passer ? Vas-tu perdre ton emploi ?
- Je n'en sais rien, mais les choses sont très mal engagées. Je verrai bien la manière dont je serai accueilli lundi au bureau. Je pense que nous devons nous préparer au pire.
- Toi viré ? Un collaborateur modèle ! Consciencieux ! Sérieux et compétent !
- Ecoute, c'est ainsi, nous devons nous préparer à des jours difficiles.
- Chéri !
- Oui ?
- Moi, j'ai une grande nouvelle !

- Oui ? Fait-il blêmissant. Il se méfie habituellement des initiatives de sa femme.
- Je suis enceinte ! Nous allons être parents !

Il blêmit plus encore, il ressemble à un cadavre, un zombie dont les yeux rouges contrastent sur son teint blanchâtre. Il marque un temps d'arrêt face à ce qu'il perçoit sur l'instant comme une mauvaise nouvelle, comme son enchainement à sa caste étriquée.

- Allo ? Fait-elle
- Oui, c'est formidable chérie ! C'est formidable ! J'arrive immédiatement ! Lâche-t-il enfin, maitre de lui.

Il marque un arrêt dans un bar pour absorber deux whiskies devant un serveur réprobateur. Il a besoin d'accuser le coup et de donner à son histoire du crédit. La coke ne sent pas l'alcool. Son cerveau en constant bouillonnement, forgé d'une mécanique fiévreuse, analytique et évolutive espère avoir un garçon et il se met à sourire devant cette perspective.

Lundi matin, effectivement, les choses se passèrent mal. En raison des pertes monumentales enregistrées par la banque, 50% des traders et des courtiers furent congédiés dans la journée avec une priorité donnée aux alcooliques, aux drogués et aux dépravés sexuels. Inutile de préciser que Vincent Leroux constituait une cible de choix pour le commissaire des ressources humaines aux lunettes dorées. Il s'était précipité vers lui ivre de puissance. « Je vous l'avais prédit Leroux. Je vous l'avais prédit ! Tout finirait mal pour vous ! » Lui lança-t-il triomphal, corseté dans un costume en polyester et viscose. Vincent se contenta de répondre :

« Va te faire enculer larbin ! » avant d'aller chercher, sous la surveillance d'un vigile, son carton dans lequel il entreposa quelques effets personnels d'une assez faible importance. Nous sommes à Londres et la législation dans l'antre capitaliste qu'est la city n'encombre pas les sociétés de procédures lorsqu'il s'agit de congédier des salariés. Dans l'ascenseur, il retrouva une partie de ses collègues, cartons en main comme lui. Au « bing ! » discret, alors que la cabine entamait une descente de 15 étages, l'un des traders rompit la glace en disant : « On s'est quand même bien marré ! » et ils rirent ensemble jusqu'au rez-de-chaussée.

Sa femme énamourée, après une période finalement assez courte de désappointement, ne s'offusqua pas outre mesure des mésaventures professionnelles de son mari. Elle avait une nature profondément optimiste. Probablement parce qu'elle était la fille d'un grand bourgeois parisien, François Rochechouard, énarque et polytechnicien, son second héros, PDG d'un assureur d'une taille respectable. Un poste que son père devait à l'Ecole Nationale d'Administration, à son parcours au sein de l'inspection des finances puis de directeur de cabinet de Jacques Chirac alors premier ministre de Valery Giscard d'Estaing ; un chemin pavé d'or qui lui avait ouvert les portes nécessaires et gonflé son carnet d'adresses de précieuses relations.

« Ce n'est pas grave chéri, rentrons à Paris. J'en avais un peu assez de Londres. Ne t'en fais pas pour ton travail, je vais demander à papa de te trouver quelque chose d'intéressant. »

Chapitre 3

Novembre 2001

C'est ainsi que Vincent Leroux débarqua quelques semaines plus tard, par une journée automnale lumineuse, dans le luxueux appartement de son beau-père sis dans le 7ème arrondissement.

« Vincent, ne soyez pas déçu, cela fait partie des aléas de la vie ! C'est une riche expérience que vous avez acquise dans cette banque. Nettement plus amusante que l'Assurance ! J'ai toujours aimé comme vous les marchés ! » L'accueillit avec chaleur François Rochechouard dans son bureau lambrissé meublé Louis XV.

Rasé de près, harnaché dans un costume sombre sur une chemise blanche, cravaté Hermès, il avait soigné son apparence et son discours, comme son attitude : sérieuse, humble, boy-scout, avec une légère touche de fantaisie mais rien qui ne fut outrancier ou de mauvais goût.

L'atmosphère, qui ne fut jamais froide, se réchauffa encore devant l'allocution si intelligente de Vincent qui se livrait, sous les yeux admiratifs de son beau-père, à des descriptions de stratégies de trading confidentielles et porteuses de considérables plus-values.

« Ainsi, nous pouvons arbitrer la volatilité face aux instruments synthétiques lesquels étant arbitrés concomitamment face à leur alter égo réels, idem pour la structuration de produits construits de dérivés « plain-vanilla », le portefeuille est parfaitement « hedgé » et nous prenons « up-front » un « cut » sur les « sales » sur chaque « premium » lors de revente aux banques « retail » de telle sorte que le profit est garanti. Voyez-vous, multiplié par des milliers, des dizaines de milliers d'opérations, le bénéfice est fantastique ! » Expliquait-t-il.

Rochechouard, ébloui, l'écoutait avec une attention soutenue, séduit par ce jeune homme si brillant et si charmeur. Un matheux comme lui. Il n'aurait pas souffert que sa fille épousa un littéraire, il avait toujours éprouvé un mépris à peine dissimulé pour les saltimbanques et les incapables.

- Si je vous comprends bien, commenta-t-il avec précision, ce que vous êtes en train de m'expliquer revient à dire que les produits de placement vendus par les assureurs comme nous ou les banques de détails peuvent être répliqués en bourse pour un cours plus avantageux ?
- C'est exactement ce que je suis en train de vous démontrer.
- Et vous me dites donc qu'au moment même de la structuration de ces instruments financiers et

de leur revente, vous pouvez faire un profit sans risque ?

- Absolument. C'est ce que font plusieurs banques qui vous les revendent et qu'ils structurent à votre intention. Mais vous ne toucherez qu'une partie des bénéfices, ceux seulement issus du placement auprès du client final, le particulier qui vous a confié un mandat de gestion.
- Mmmm, fait-il, je commence à voir où vous voulez en venir. Pensez-vous à la création d'un département de produits structurés au sein de notre maison pour éviter de les acheter à nos banques partenaires ?
- C'est à cela que je pense en effet. Combien avez-vous de clients ?
- 5 millions, dont 2 font des placements.
- 2 millions …. Fait Vincent rêveur
- Oui…. 2 millions, quel profit par client annuellement d'après vous ?
- 500 euros, on prend une part de la hausse du marché et on cape à la baisse. 500 euros en moyenne.
- 500 euros……. chuchote son beau-père le regard brillant.

Un silence respectueux s'établit face à ces chiffres réjouissants et porteurs de promesses superbes : une villa sur la côte d'Azur pour Vincent, en Normandie pour Rochechouard, des putes, du champagne et de la cocaïne pour le beau-fils, des chevaux de course et, peut-être, une toile de maitre pour le beau-père.

- Ecoutez fait Rochechouard, il y a tout de même un problème.

- Que voulez-vous dire ?
- Je ne dois pas me fâcher avec mes partenaires mais si nous pouvons enregistrer de tels résultats, je pense bien détenir une solution. Moi, aussi, vous savez, j'ai mes petits secrets.
- Que voulez-vous dire ?
- Connaissez-vous les paradis fiscaux cher beau fils ?
- Heu, visiblement moins bien que vous cher beau-père !

Ainsi fut créé un fonds d'investissement nommé « Candide » enregistré à l'île de Man et administré par une par une société de gestion française au sein de laquelle Vincent fut nommé directeur général et son beau-père président du conseil d'administration. Il y fut injecté 40 millions d'euros répartis entre plusieurs actionnaires : les deniers personnels du beau-père et ceux des établissements amis, des banques avec qui sa propre compagnie était en affaires afin que celles-là y trouvassent leur compte, via des véhicules financiers dont furent issus des stock-options au bénéfice de leurs dirigeants, tous des camarades de Rochechouard. En outre, cette structure permit de gonfler le capital initial. Ce type de montage est parfaitement régulier tant qu'il est déclaré à l'administration fiscale. La majorité des institutions financières disposent de filiales dans les paradis fiscaux européens. Ces établissements n'ont d'autre objectif que de permettre à des activités menées sur des territoires sujets à l'impôt d'y échapper d'une façon parfaitement légale. Par exemple, il existe l'imposition forfaitaire proposée par des états situés au sein de l'union européenne comme le Luxembourg, l'Irlande ou les Pays-Bas qui permet de calculer un impôt ridiculement bas au regard de profits considérables consolidés par un système de facturation inter-états consternant de simplicité. D'autres schémas permettent aux bénéfices de demeurer dans un paradis fiscal et d'échapper à l'impôt. Il suffit ensuite de n'en déclarer qu'une infime partie, le reste étant absorbé par des charges fictives facturées par des sociétés de circonstance qui permettent, de proche en proche, d'investir les fonds sous la forme d'un immeuble pour les fourmis et ou d'un yacht pour les cigales. Il existe bien évidement d'autres raisons qui justifient l'utilisation de compagnies offshore rendues totalement opaques via une cascade de prête-noms et de sociétés écrans. Par exemple, dans le cadre de transactions criminelles, de blanchiment d'argent ou de fraude fiscale.

Avec l'intervention des hackers qui forcent les ordinateurs des cabinets spécialisés dans la conception de tels montages et le renforcement considérable des législations pour combattre ces pratiques, l'utilisation de ce type de firmes est de moins en moins aisée. Les banques, craintives, fuient ces clients douteux de telle sorte que ces fonds courent le risque de se trouver isolés dans la zone grise de la finance sans pouvoir s'en échapper facilement ou à coût élevé pour une opération mal ficelée.

Enfin, moins connus mais régulièrement utilisés, il existe des circuits inverses, ceux du « noircissement », ou la manière de faire entrer dans l'économie grise de l'argent issu d'activités légales, par exemple dans le cadre de la signature de gros contrats industriels, et qui sert à corrompre des personnalités de premier plan ou à alimenter des partis politiques. Ici, également, des systèmes de facturations subtils, issus normalement des pays vendeur, permettent la rétribution d'intermédiaires qui servent de plateforme de redistribution des fonds à leurs destinataires finaux. En dépit de mesures fortes et d'une volonté certaine, la lutte contre les paradis fiscaux ne peut être à ce jour absolue pour la raison première que les états trouvent une utilité dans leur existence : assurer l'essor de l'économie et défendre les intérêts supérieurs de la nation sans même parler du financement de leurs opérations secrètes.

Evidemment, confier la gestion d'un centre de distribution de méthadone à un toxicomane, même si celui-ci passa de manière brillante son entretien d'embauche, n'est jamais une décision sage.

Totalement ébaubi par sa force de séduction, Vincent festoya toute la nuit sitôt sa signature apposée sur les actes fondateurs de la société. 40 millions à gérer ! Il avait du mal à y croire et cette pensée lui percuta le cerveau de façon si brutale, déclencha une excitation si grande, une euphorie, qu'il prétexta auprès de sa femme enceinte la nécessité d'un voyage à Londres pour régler quelques ultimes affaires en souffrance et se vautra dans la cocaïne tout le week-end avec des putes sublimes accompagné de ses camarades de débauche qui ne cessèrent de le féliciter.

Chapitre 4

Janvier 2002

- Vincent ? Appelle nerveusement le beau-père, pouvez-vous passer me voir ?
- Oui certainement François, que se passe-t-il ?
- Je reçois une lettre étrange de l'un de nos actionnaires. Il souhaite retirer une partie de ses fonds. Que ne l'avez-vous payé ?
- Hm, ah oui je vois, c'est en cours, heu, nous avons fait face à quelques, euh, « contretemps », avoue Leroux embarrassé.
- Je vous demande pardon ?

Le contretemps était en fait un trou de 35 millions, lequel avait résulté de malheureuses opérations sur le cacao, le sucre, le café et les obligations émises par l'état argentin. Rien à voir avec l'élaboration de produits financiers à destination des banques de détail, me direz-vous. Mais ce processus était effectivement en cours au moment d'un soudain retournement du marché. La structuration est un travail complexe. Il demande du temps et requiert une certaine technicité et il eut été bien absurde et bien peu professionnel de laisser les liquidités dormir. L'Argentine, comme le cacao donnaient toutes les assurances de placements sûrs et de plus-values faciles. « Il y a pénurie de chocolat bordel ! » Eructait Vincent. Les opérations de structuration s'avéraient également délicates. De ce côté, malheureusement, la couverture du portefeuille (le « hedging ») n'avait pas été calculée avec la précision nécessaire et des positions optionnelles sèches et unidirectionnelles avaient charrié leur cortège de mauvaises nouvelles sous forme d'appels de marges délirants qui achevèrent le dynamitage du fond.

En à peine cinq mois tout fut fini, après que quelques actionnaires eurent le temps de retirer leurs avoirs, dont le beau-père, et que les autres eurent coulé avec l'embarcation. Quand le premier client suspicieux voulut réclamer quelque argent, François Rochechouard avait dû se rendre à l'évidence qu'un divorce de sa fille d'avec son aigrefin de beau fils était inévitable dans l'intérêt de la famille. Lui-même, au parcours si net et si prestigieux, se mordait les doigts – comment avait-il pu se laisser entrainer dans une telle aventure – l'avidité, peut-être ? – et comprit très vite que son nom serait irrémédiablement souillé par cette lamentable affaire. Ce qui fut inévitable ne fut point évité : une plainte pour escroquerie en bande organisée déposée en bonne et due forme sur le bureau du procureur de la république suivie de la saisine, à la vitesse de l'éclair, d'un juge d'instruction, précipita le destin de Vincent Leroux.

Les actionnaires laissés pour compte furent fort marris et la pression particulièrement forte sur le juge harcelé par les avocats des plaignants. Par ailleurs, le magistrat goutait peu ces jeunes financiers arrogants qui s'affichaient à intervalles réguliers dans les médias ou hantaient la psyché nationale. « La Finance, l'ennemi invisible du peuple ! » tonnaient les gauchistes, toujours suivis par la majorité de la classe politique sur ce sujet. Vincent avait bien essayé son numéro de charme mais s'était rapidement heurté à mur lequel l'avait envoyé en détention préventive pour une petite repentance expresse.

Chapitre 5

Juin 2002

Par une après-midi morne, comme parfois le printemps en réserve à Paris, sous un ciel gris qui menaçait d'averses, le lourd portail de la prison de la Santé s'ouvrit sur une cours intérieure dans laquelle s'engouffra la voiture de police. Sur la banquette arrière, Leroux, menotté, désespérait déjà. Il fut accueilli par des fonctionnaires en uniformes bleus, ternes et tristes qui procédèrent avec lui comme avec un colis dangereux et suivirent la procédure stricte de l'enregistrement administratif. Après avoir signé quelques papiers et laissé quelques objets et argent liquide en dépôt, il fut rapidement conduit vers sa cellule au travers d'un dédalle de couloirs grillagés et de portes métalliques verrouillées électriquement.

« Vas-y kafir, mets-toi là ! » Et ses codétenus lui proposent un matelas disposé au sol.

- Mais il y a une couchette ici libre, rétorque Vincent et il indique l'un des lits superposé en fer qui borde un des murs.
- Elle est occupée kafir, elle est occupée par les livres d'Allah, sa parole dispensée par Mahomet son prophète, béni soit son nom. Tu veux la place d'Allah kafir ? Tu ne serais pas un peu arrogant kafir ?

Les deux autres détenus de la cellule de 20 mètres carrés se mettent à rire.

Vincent terrorisé pose son sac dans un coin de la pièce et reste debout, presque tremblant.

- Assied toi kafir, mets-toi à l'aise ! Nous, on est tolérants !

Et ils rient de plus belle. Mais Vincent demeure debout face à eux, gauche, paralysé par un début de panique et un sentiment aigu d'accablement.

- Assied toi ! J'ai dit kafir ! Ordonne celui qui semble être le chef.

L'un de ses coreligionnaires lui assène une solide claque. Vincent baisse les yeux et s'exécute. Assis par terre, recroquevillé, les bras enserrant ses jambes, il ose à peine lever la tête pendant que ses codétenus assis sur les lits en surplomb l'observent goguenards. Il fait penser à un chien prostré après une punition infligée par son maitre.

Le temps s'écoule en silence de longues minutes. Ses bourreaux l'observent, rient et parfois lancent sur lui des boulettes de papier, il ne bronche pas.

Puis, ils lui demandent :

- Eh ! Kafir ! C'est quoi ton nom ?

- Vincent Leroux, fait-il d'une voix faible et déjà soumise.
- Vincent Leroux, c'est pas très musulman ça, c'est quoi ta religion kafir ?
- Catholique.
- Catholique ? T'es un dhimmi alors mon pote. On va te mettre à l'amende. Tu sais ce que c'est qu'un dhimmi mon pote ? Mon pote le kafir ! Tu vois comme je suis tolérant et tous rient franchement de nouveau de sa saillie.
- Je ne sais pas. Répond Vincent.
- T'inquiète, tu vas comprendre.

La serrure grince et les musulmans ordonnent à Leroux de se lever. Un fonctionnaire de l'administration pénitentiaire dans son uniforme bleu réglementaire parait et s'adresse à lui : « Leroux suivez-moi, je vous prie ». Alors qu'il s'apprête à suivre le gardien son sac à la main, celui-ci lui ordonne : « Laissez vos affaires, vous restez ici pour le moment. » et Vincent blêmit.

Au fond d'un large couloir tapissé de linoleum vert pâle brillant et bordé de part et d'autre de rangées de cellules, se trouve un local de l'administration pénitentiaire. « Entrez Leroux », l'enjoint le fonctionnaire. Dans la pièce menue, un bureau en formica sur lequel s'étalent quelques documents au côté d'un ordinateur, et, derrière celui-ci, assise sur une chaise, une fonctionnaire galonnée accueille le nouveau prisonnier.

- Bonjour monsieur Leroux, Clémentine Fronsac, lieutenant pénitentiaire. Nous sommes ici pour déterminer la meilleure façon pour vous d'effectuer votre détention provisoire, entame-t-elle la conversation d'un ton neutre.

Puis, jetant un œil sur ses notes, elle reprend :

- Je vois que vous êtes diplômé de l'enseignement supérieur, un master en mathématiques, c'est bien cela ?
- Oui, fait Leroux d'une voix lasse, j'ai également étudié un peu l'informatique, j'ai un niveau raisonnable, je peux faire un peu de programmation.
- Fort bien, je pense vous confier une position d'enseignant. Ici cela pourrait être très utile. Le niveau n'est pas très élevé et les besoins réels. Cela vous conviendrait-il ?
- Parfaitement, parfaitement, fait Leroux, soulagé de renouer avec la civilisation.
- Monsieur Leroux, reprend son collègue, nous avons des questions plus personnelles à vous poser, quelle est votre religion ?
- Euh, catholique, mais pas pratiquant, je ne peux pas dire que la religion soit un sujet qui me passionne.
- Ok, avez-vous déjà fait face à des problèmes d'addiction à des produits stupéfiants ?
- Non, non, jamais.
- Je suppose que pour l'exercice de vos responsabilités passées il valait mieux éviter ce genre de substances et conserver l'esprit clair, commente Clémentine Fronsac comme la constatation d'une évidence et détendre l'atmosphère.
- Oh ! Absolument ! Fait Leroux Absolument, c'est formellement déconseillé !

- Bien, répond la fonctionnaire, bien. Pour le moment, nous sommes un peu en surcapacité, mais nous allons vous trouver une meilleure cellule, probablement avec un seul codétenu. En revanche, vous allez devoir cohabiter avec des musulmans. Ici, il est presque impossible de faire autrement. N'hésitez pas à nous informer si vous rencontrez le moindre problème. Tenez, voici l'emploi du temps de la journée des détenus. Et elle lui tend un document.

6h50 Levé

7h00 Petit déjeuner

7h10 Douche 4 fois par semaine

8h30 Cours scolaires / Travail / Promenade / Sport

11h30 Retour promenade et cours/ déjeuner

14h00 Promenade / Sport

16h00 Retour promenade

17h00 Diner

« Avez-vous des questions ? » Lui demande madame Fronsac.

- Euh, oui, combien de temps devrai-je attendre pour la nouvelle cellule ?
- Oh cela peut prendre entre une et quatre semaines grand-maximum. Mais cela sera fait. Il faut prendre votre mal en patience. Vous avez pu faire connaissance avec vos codétenus ?
- Oui
- Et tout s'est bien passé ?
- Oui, pas de problème.

- Fort bien Monsieur Leroux, bon courage à vous, conclut le lieutenant sobrement.
- Merci.

De retour en cellule, il est contraint de s'assoir par terre dès que la clé ait cadenassée la porte. L'un des prisonniers face à lui, après l'avoir observé dominateur, se lève et lui donne une brosse à dent et un flacon de détergent puis écarte un rideau qui découvre les toilettes communes.

- Brosse, savon, chiottes, ordonne-t-il.

Après avoir nettoyé les toilettes sous les quolibets et quelques tapes sur la nuque afin qu'il comprenne la nécessité d'effectuer un travail soigné, il doit aussi faire la vaisselle dans le petit évier commun puis plier le linge propre. Enfin, il est autorisé à s'allonger sur son matelas.

Ils l'observent contents d'eux-mêmes devisant en arabe et fumant un joint qu'ils font circuler.

Il dormit tout habillé, espérant faire un cauchemar ; défoncé de fatigue et de stress. Le sommeil l'emporta finalement à un point avancé de la nuit vers trois heures ; quand la prison fut enfin calme, plus traversée de cris, d'injonctions hurlées de fenêtre à fenêtre. Mais le réveil fut brutal et le rappela à sa misérable condition.

Il était faux de prétendre qu'il n'existait pas une solution pour lui en dehors d'une cellule surchargée et remplie de musulmans. Les gardiens s'étaient vus opposés une fin de non-recevoir de la part des corses pour accueillir le jeune homme. Sans comprendre, le responsable de l'administration obtempéra avec discipline.

Dans la cour en béton, le premier jour, Leroux erra seul observés par tous. Les blancs, minoritaires, stationnaient au coin sud, le plus ensoleillé. Les arabes et les noirs occupaient la majeure partie de l'espace. Beaucoup faisaient du sport et développaient pour certain des capacités athlétiques impressionnantes. Ceux-là couraient ou faisaient des pompes suivies de tractions, s'accrochant à n'importe quoi. Des arabes barbus tournaient méthodiquement en rond, misbaha en main, suivis d'un groupe d'affidés dont ceux qui l'avaient terrorisé la veille. Les blancs plus âgés se tenaient assis sur un banc et devisaient avec les plus jeunes à voix basse. Aucun arabe et aucun noir ne s'approchaient d'eux et les barbus, dans leur promenade, obliquaient leur parcours à plusieurs dizaines de mètres de leur attroupement comme si une frontière les séparait.

Enfin, des hommes passablement nerveux et frêles fumaient avec ardeur ou, pour certains, s'agenouillaient dans les flaques pour grappiller ce qui semblait tomber de la poche d'autres prisonniers et les gardiens semblaient ne pas remarquer ce manège humiliant.

Personne ne parla à Leroux et il ne parla à personne.

Il perdit l'appétit immédiatement, se nourrissant de café et devint bientôt, au bout de 10 journées à peine, l'ombre de lui-même. Sa position d'homme humilié et réduit à l'état d'esclave avait fait le tour des musulmans, puis des corses, pour arriver enfin au directeur de la prison. En prison, rien ne reste secret longtemps. Et chacun apprit qu'il était un criminel en col blanc ce qui lui valut, en plus de « kafir », le surnom de « banquier ». Aux deux promenades journalières, il continua de se trainer seul et lamentable et pour la première fois de sa vie, si excitante jusque-là, il envisagea le suicide. Il fut incapable de se concentrer pour donner le moindre cours ou effectuer la moindre activité. Sa femme, folle de rage depuis le début du scandale, ne lui adressait plus la parole. Cela faisait deux mois qu'il n'avait plus de nouvelles et n'avait pas vu son fils.

Il avait soigneusement, conformément à ce qui lui avait été ordonné par ses geôliers musulmans, caché le fait qu'il dormait à même le sol, alors qu'une couchette lui revenait de droit. C'est au cours d'une inspection surprise, en pleine nuit, qu'il fut extrait de sa cellule, le onzième jour, par l'administration pénitentiaire, pour être placé à l'isolement dans son propre intérêt.

Contre toutes les règles en vigueur, un détenu vint le visiter au bout de vingt-quatre heures.

Ange Francini, la quarantaine fringante, svelte, la face émaciée, le nez busqué comme l'empereur, le regard et le cheveu noir, contempla un instant l'aspect délabré de Leroux.

Le visage rectangulaire du trader, autrefois vif, percé d'yeux bleus à l'éclat pétillant, avait vieilli brutalement. Il demeurait beau servi par ses traits fins, son nez droit, ses lèvres charnues et sensuelles, son front large et ses cheveux bruns fournis en une crinière mi longue, mais n'était plus qu'un spectre gris et émacié (il avait perdu 10 kilos) dont les trente-cinq années semblaient en peser plus de cinquante.

- Alors, finit-il par s'adresser à lui avec un accent corse prononcé, on t'en fait des malheurs ici ?

Immobile, dans la pénombre, Leroux assis sur un simple tabouret face à son interlocuteur le regard défait, baisse la tête sans prononcer un mot.

- Tu n'es pas bavard dis-moi. Tu sais qui je suis ?
- Non monsieur
- Ne m'appelle pas monsieur. Je suis Ange Francini. Ici tout le monde m'appelle « Ange ». Enfin, sauf les arabes qui m'appellent monsieur Francini quand ils ont le malheur de devoir me parler, ce qui est assez rare. Toi c'est Leroux, pas vrai ? Vincent Leroux.
- Oui Ange.
- Bien, bien, tu vois tu t'humanises. Dis-moi, Vincent, j'ai lu ton dossier – et il ne précise comment il a pu obtenir de telles informations -, ton histoire de faillite bancaire ou de « fonds » c'est ça ? - ce n'est pas banal ici. Tu peux m'en dire plus ? Tu sais, je suis un homme simple, alors si tu peux trouver des mots compréhensibles pour un pauvre prisonnier comme moi.
- Euh oui, certainement Ange.

Alors il lui explique d'un ton morne, que perce parfois quelques éclats d'enthousiasme, souvenirs d'un passé éteint, le monde de la Finance de marché. Il l'entretient des produits dérivés et de l'effet de levier si séduisant des « future » et des « options », de la magie des « swaps » et leurs natures si variées, des « Exchange Traded Fund », du juteux marché des produits structurés, des marchés de matières premières ou de celui, gigantesque et obligataire, de la dette des états, de l'importance des agences de notation, de la notion d'arbitrage, des modèles mathématiques de contrôle du risque et de valorisation des instruments et actifs financiers, ou de l'essor prometteur du « Trading à Haute Fréquence », une toute nouvelle technique, et ses algorithmes tueurs qui exécutent des milliers d'opérations en une fraction de seconde.

Ange l'écoute avec attention, pose quelques questions étonnamment pertinentes, il est fasciné de découvrir cet univers avec un tel sentiment de proximité, comme si il pénétrait dans une salle de marché.

- Voilà fait Leroux, à l'issue de son exposé. Ce sont les bases du « trading ».
- Vraiment très intéressant Vincent, vraiment très intéressant. Et sinon concrètement que peux-tu faire ? Je veux dire, quelles sont tes compétences les plus « employables » ?
- Heu, je ne sais pas, je connais un peu les mathématiques, je me débrouille en informatique, je parle plusieurs langues, j'ai une bonne culture générale.
- Bien, bien, je comprends fait Ange. Dis-moi tu sais comment ça marche ici ?
- Ben, pas vraiment, pas encore, je dirais.
- Ecoute, je vais être direct, ici, quand tu es blanc, comme toi, soit tu te convertis à l'Islam, soit tu te trouves un ami qui tient les arabes en respect et tu lui rends quelques services, exagère-t-il. Tu veux te convertir à l'Islam ?

- Pas vraiment Ange, pas vraiment. Fait Leroux accablé.
- Bien, je te propose de travailler pour nous. Rassure-toi, rien d'illégal, tu donnes des cours à mes gars, tu nous aides à rédiger les courriers aux avocats et aux juges, tu suis nos dossiers, tu bricoles nos ordinateurs, nos téléphones, ce genre de trucs. Et tu fais le café et la bouffe.
- Ok Ange, vous avez des ordinateurs et des téléphones ?
- On a tout. Tu ne parles plus aux arabes et eux ne vont plus te parler. Le premier qui prononce le mot « kafir » ou « dhimmi » ou n'importe quelle saloperie qui s'apparente à un manque de respect, tu viens me le dire et nous on fera le nécessaire. Tu vois Vincent, dans un monde civilisé, la politesse, c'est très important, tu es bien d'accord avec moi ?
- Oui, Ange, la politesse est le privilège des rois.
- J'aime bien la manière dont tu parles. A plus tard Vincent, demain tu sors de l'isolement.

Le lendemain Vincent avait droit à un lit propre dans une cellule fraichement repeinte partagée avec un détenu corse.

Il pouvait maintenant cantiner, lire tranquillement et donner des cours. Dans la cour de promenade, il était du côté des corses mais à distance respectueuse. Néanmoins, souvent Ange venait discuter avec lui et s'intéressait à sa vie passée avec une grande curiosité. Sa femme qui l'aimait encore était enfin venue le voir après 18 jours. Effrayée de son état, elle s'était émue devant le directeur de la prison qui avait interrogé l'un de ses cadres sur le fait qu'il ne fut pas extrait plus tôt de sa condition misérable. Celui-ci se réfugia derrière un charabia de procédures et le manque de place et le directeur acquiesça. Au fond, chacun savait de quoi il retournait et chacun avait intérêt à prétendre que tout ceci n'était qu'un aléa administratif. Elle lui fit parvenir moult victuailles qu'il partagea pour leur plus grand bonheur avec ses codétenus. Ceux-ci bientôt séduits par sa vivacité se firent plus chaleureux puis l'adoptèrent définitivement quand il démontra ses talents à la belote. Curieusement, il refusa de jouer au poker.

Rasséréné, avec son avocat, il tint tête au juge dont l'instruction semblait s'ensabler progressivement devant un manque de pièces et la curieuse volte-face d'une partie des plaignants. La juge des libertés et de la détention avait déjà maugréé devant la requête de son collègue, arguant qu'une procédure de simple contrôle judiciaire lui semblait parfaitement suffisante et, sous les coups de boutoirs des avocats, devant un dossier au point mort et, pour lequel finalement le rôle de Leroux était assez facile à définir, le magistrat instructeur dut se résoudre à le libérer après 110 jours de détention sans avoir obtenu grand-chose.

Après avoir fait ses adieux à Ange et l'avoir remercié de son soutien, Vincent, un sac poubelle à la main rempli de ses effets, vêtu d'un simple pantalon de survêtement et d'un teeshirt surdimensionné, la tenue qui fut la sienne pendant trois mois, le visage creusé mais encore vif, franchit la lourde porte en fer devant laquelle sa femme, fidèle envers et contre tout, l'attendait avec son fils dans les bras. A leur vue, il les enserra et pleura sur l'épaule de celle qu'il aimait en ces instants.

Chapitre 6

Octobre 2002

L'automne avait terminé de déployer ses charmes. Les trottoirs brillaient de pluie et des bourrasques rafraichissantes cueillaient les passants déjà emmitouflés. La lumière atténuée teintait de gris les immeubles de pierre. Les dernières feuilles des arbres, marron foncé, s'agglutinaient en tas humides et glissants sur la chaussée et les caniveaux : la période la plus déprimante de l'année débutait.

Mais Vincent Leroux était heureux. Heureux mais nerveux. Il avait opté pour un discret blouson clair, un pull sombre à col rond sur un tee-shirt et un jean. Il affectionnait les costumes bien taillés et avait hésité à se vêtir d'un complet bleu navy à fines rayures en laine super 150 mais, dans sa situation, il fallait faire profil bas et le déjeuner s'annonçait pour lui capital.

Son frère l'avait invité (il n'avait plus aucun argent, il était totalement ruiné) à la « Fontaine Gaillon » sur la petite place du même nom. Ce restaurant éponyme qui jouxte le fameux « Drouant », dans lequel chaque année l'académie Goncourt fait le bonheur d'un écrivain, doit son nom à la jolie fontaine (une double vasque de style renaissance qui présente en sa partie supérieure un triton enfant armé d'un trident qui semble chevaucher un dauphin) que l'établissement enserre d'une terrasse élégante.

Il est avance et donne son nom au réceptionniste avant de rejoindre une table nappée de blanc bordée de fauteuils de velours turquoise.

Verre d'eau en main, il patiente particulièrement tendu. D'abord parce que ce rendez-vous revêt une importance personnelle et, il l'espère, professionnelle ; ensuite parce qu'il a totalement arrêté la cocaïne (il n'en a plus les moyens de toute façon) et l'alcool. Il est à ce point de sa vie où la lucidité doit reprendre le dessus. Il a compris - et comment aurait-il pu ne pas le comprendre - qu'il se perd, qu'il est sa propre âme damnée et qu'il doit de défaire de lui-même, de sa noirceur tentatrice, de son gout du jeu, de la luxure, mais certainement pas de l'argent. Tout bien réfléchi, la vie monacale ne lui est pas destinée. Il doit se refaire. Se refaire de manière rigoureuse et disciplinée.

Quelques minutes plus tard, un homme grand et mince, cintré dans un élégant costume sombre que perce une chemise immaculée aux boutons de manchettes argentées apparait. Son visage trahit sa filiation : il ressemble à son frère, il a aussi fière allure, plus grand, des cheveux épais et des yeux clairs. Il est néanmoins moins beau que Vincent, sa physionomie est plus commune ; ses traits, plus apaisés, attirent sans doute moins l'attention.

Vincent se lève pour l'embrasser, et, Antoine Leroux, à sa vue, ne peut s'empêcher de marquer un temps d'arrêt saisi de stupeur et de tristesse. C'est à peine s'il reconnait son cadet. Son visage émacié et douloureux, des cheveux bruns déjà parcourus de mèches blanches, son regard accablé et son corps amaigri lui infligent un choc et il se sent coupable d'avoir rompu les ponts avec lui pendant des mois tant il était furieux de son comportement et de voir son nom sali dans les réseaux d'initiés et qui font et défont les carrières en France.

- Oh Vincent ! Fait-il, suffoqué d'émotion.

Vincent qui s'était pourtant juré de conserver son sang-froid ne peut s'empêcher, comme son frère, de laisser perler une larme alors qu'il l'embrasse. « Merci » chuchote-t-il sobrement et, après ce mot, la fratrie est réconciliée. Les liens du sang, si moqués dans un occident devenu individualiste, ne sauraient être totalement sous-estimés. Souvent, ils se révèlent dans les situations difficiles, remontent des abimes comme une bulle d'oxygène et vous insufflent une vitalité nouvelle et régénératrice. Toutes les familles n'ont pas le privilège de la concorde mais il en existe.

- Vincent ! Dit-il, je suis si heureux de te voir. Comment as-tu pu faire ce que tu as fait ? Crève-t-il l'abcès.
- Je ne le comprends pas moi-même. Si tu savais à quel point je suis désolé, à quel point je me sens minable, misérable et à quel point je vous suis reconnaissant Clara et à toi. Je me vois comme un imbécile, un connard absolu, un enfant gâté. Si je me rencontrais, je me giflerai. J'ai honte, passe-t-il à confesse avec sincérité.

- Tu peux te vanter d'avoir épousé une femme exceptionnelle. Elle a fait face à son père pour toi. Dans sa famille, il est des fautes qu'on ne peut commettre impunément. Tu réalises le tort que tu nous causes ? Tu connais leur influence ? En dehors de ta femme, admirable, tu penses à papa, tu penses à maman ? Tu penses à notre nom que tu as sali ? Eux qui étaient si fiers de toi !

A l'évocation de ses parents vénérés, Vincent ne peut s'empêcher d'afficher une expression de profond abattement qu'il s'efforce de contrôler. Il demeure figé et muet. Répondre est inutile. Faire déchoir les siens après tant d'efforts réalisés par la famille pour s'élever est impardonnable. Issus de la classe moyenne, lui et son frère n'avaient dû leur entrée dans le premier cercle bourgeois qu'à leur acharnement scolaire sous la houlette de leur père, comptable dans une PME, et de leur mère, enseignante en mathématiques. Des parents qui leur avaient inculqué le sens de l'effort et de la droiture. « L'effort paie ! L'effort est difficile ! L'effort est nécessaire ! » Avaient-ils imprimés dans leur tête, toute leur enfance, cette phrase comme un mantra plus solide que n'importe quelle prière, même le « Notre Père ». Lorsqu'il vit sa mère en prison, Vincent Leroux pleura de honte et de chagrin, et lui demanda de lui pardonner, ce qu'elle fit. De toute façon, elle ne lui en voulut jamais, elle aimait trop son turbulent second. Elle aimait ses deux fils plus que tout, plus que son propre sang, plus que sa propre vie. Elle est en eux ; ils sont son extraction. Elle avait ordonné à Antoine de se réconcilier avec son cadet, au nom de la famille, au nom de leur père qui était mort deux ans auparavant emporté par un cancer. A bout de souffle et de douleurs, il les avait embrassés dans un hôpital blanc et lugubre et prononcé quelques phrases sobres : « Je pars heureux de vous avoir engendrés. Vous engendrerez aussi. Vous pendrez soin de votre mère. Vous porterez notre nom avec dignité. Vous accomplirez. Vous en êtes capables. Vous avez été toute ma vie et ma fierté. Laissez-moi maintenant. ». Puis, discrètement, après un ultime adieu, un médecin compatissant, aiguille en main, avait abrégé ses souffrances.

Après ces émouvantes retrouvailles, chacun se ressaisit pour aborder le cœur du sujet.

- Ecoute, je suis totalement fauché, totalement grillé dans la banque. Ou je devrais m'expatrier en Australie ! Et encore, même là-bas, mon passé me collera à la peau. Je ne vais toute de même pas devenir éboueur !
- Mais de quoi parles-tu ! Ecoute. Les choses se passent formidablement pour moi. J'ai d'excellentes relations avec mon patron. Un type extraordinaire, polytechnicien comme moi, brillantissime et très ouvert. Il sait que tu as fait de la prison. Souvent nous parlons. Je vais lui demander s'il n'a pas une petite mission pour te remettre le pied à l'étrier.
- Tu es le meilleur des frères. Je ne décevrai plus notre famille, je t'en fais le serment, le remercia Vincent particulièrement ému.

Chapitre 7

Jean Louis Bonnier est directeur exécutif au sein d'EDA (Electronique, Défense et Aéronautique) un puissant conglomérat industriel. Bonnier, premier de la classe, esprit brillant, polytechnicien, passionné par Bach, Mozart et les romans d'espionnage – son péché mignon – avait commencé sa carrière au sein du ministère des affaires étrangères dans les années 70 dans une « cellule de prospective » qu'il avait contribué à créer et prosaïquement désignée « CP ». Réunissant universitaires, industriels, espions et diplomates, son rôle consistait à rassembler une information fine et pertinente sur les affaires internationales les plus brûlantes afin d'épauler la diplomatie française. Rien que cela. Une cellule qui contribua aussi à la lutte contre le bloc soviétique. Bonnier fut assez rapidement nommé directeur du CP. Son agilité intellectuelle, son dévouement de grand commis de l'état, « moine soldat » au service de la patrie, le fit apprécier de ses chefs. Présidents de la république après présidents de la république, il fut confirmé dans ses fonctions jusqu'à la chute du mur de Berlin en 1989. Entouré d'une élite en devenir qu'il avait en partie recrutée, Bonnier acquit au quai d'Orsay des relations de premier plan et le pouvoir que donne un tel réseau.

Pour le grand entrepreneur français, Jean Luc Langsade, bâtisseur d'empire, alors patron d'une dynamique entreprise du complexe militaro industriel, Jean Louis Bonnier constituait une cible de choix. Il le recruta pour un pont d'or alors que le monde changeait de manière brutale remettant en cause les équilibres géopolitiques issus la guerre froide et, par effet de ricochet, la place de l'industrie d'armement au sein de cette nouvelle donne. Avoir dans son jeu le brillant Bonnier, ses précieuses relations dans l'appareil d'état et sa force de conviction, constituait une opportunité que le roué Langsade n'avait pas laissée passer.

Tout comme Bonnier fut une cible pour Langsade, Antoine Leroux, polytechnicien polyglotte (il parlait arabe et chinois), esprit fin et vif, fut une cible pour Bonnier. L'entente entre les deux hommes pétris de culture, passionnés de géopolitique, fascinés par les services secrets, patriotes et serviteurs des intérêts de la nation, fut immédiate. Leroux travaillait alors pour l'immense entreprise publique « Industrie et Espace SA » dont les activités croisaient parfois celles de Langsade et, talent en devenir, il fut rapidement repéré par Bonnier.

Bonnier appréciait également « l'esprit de famille » d'Antoine Leroux qui lui avait parlé plusieurs fois de son frère, mathématicien, et brillant trader. Les deux hommes finirent par entretenir une relation quasiment filiale et quand, le visage défait, Antoine révéla à son supérieur hiérarchique que son cadet était incarcéré suite à la faillite du fond Candide (dont certains journaux avaient fait la publicité pour épingler le PDG des « Assurances de France », partie prenante dans cette malheureuse affaire), il en éprouva un chagrin presque paternel.

Ce qu'il sous-estima en revanche était l'intensité du lien du sang et la volonté d'Antoine, presque malgré, lui, au nom des gènes, au nom de la figure tutélaire du père, de sauver son jeune frère et sa famille du déshonneur. Antoine Leroux avait minimisé les erreurs de gestion de Vincent, camouflées sous les « aléas du marché » et sous-entendu auprès de Bonnier que, lors de ses activités londoniennes, il avait été en contact avec des banquiers saoudiens au rôle trouble dans le financement d'activités terroristes sunnites. Il avait été aussi au service de la richissime famille « Ben Laden » dont l'un des rejetons, au nom d'Allah, avait projeté des avions civils contre les tours du « World Trade Center ». Vincent avait effectivement baratiné son frère à ce sujet sans que jamais il ne le crût tout à fait connaissant le goût pour la vantardise et la légèreté de son cadet. La réalité était plus prosaïque : Vincent Leroux n'avait pas fait autre chose que de s'enivrer un soir dans une boite sombre entre deux call-girls avec un diplomate saoudien qui lui avait révélé, cynique, le rôle de son pays dans le développement du terrorisme salafiste et la duplicité de la plupart des membres de la famille royale occupés à faire la fortune des proxénètes et des vendeurs de stupéfiants dans les suites de palaces de luxe qu'ils avaient d'ailleurs pour beaucoup achetés. Il avait, il est vrai, exécuté quelques ordres pour le compte du fonds de la richissime famille Ben Laden – client de la banque américaine pour laquelle il travailla - dont le nom était connu très honorablement avant qu'Oussama ne le ternisse au grand dam des autres membres, fort nombreux, du clan. Bref, il ne disposait pas d'informations de première main, rien qui ne fut connu du vulgum pecus pour peu qu'il s'intéressa à la question avec un minimum d'acuité.

Bonnier, et Antoine Leroux le savait, était passionné par ce genre de sujet et fut sensible aux paroles de son jeune protégé et, quand celui-ci lui demanda si il pouvait aider son mathématicien de frère qui avait eu comme seul tort de faire des placements hasardeux - une erreur qui peut frapper tout gestionnaire, soyons honnêtes - Bonnier accepta de le recevoir brièvement.

Vincent prépara la rencontre avec le talent qui est le sien : vif, sympathique, séducteur ; il livra une explication convaincante sur ses déboires, pris sa part de responsabilité dans les investissements qu'il fit mais sut expliquer pourquoi ils lui paraissaient judicieux au moment où il les initia. Il livra un couplet admirable, à grand renfort d'anglicismes, pour souligner sa grande maitrise des marchés financiers et Bonnier fut bluffé d'une telle précision. Bref, Vincent omit de dire qu'il était un « gambler », ex cocaïnomane et que baiser à couilles rabattues était la seule occupation qui l'intéressait à l'époque. La discussion, habilement, dériva sur ses relations saoudiennes et sa beuverie avec sa relation arabe se transforma en une série d'entrevues avec des investisseurs moyen-orientaux richissimes pourvoyeurs de fonds royaux à des fins honteuses. Ecœurés, ces derniers lui avaient révélé à demi-mot le rôle de leur pays dans les actes terroristes récents. Par ailleurs, il en fit des tonnes sur l'honorable famille Ben Laden et sa connaissance furtive du rejeton maudit, renseignement qui ne manqua pas de piquer la curiosité de Bonnier.

Contrit, Vincent conclut :

- J'ai fait des erreurs, je le reconnais. Je veux me réhabiliter. Je veux servir mon pays. Je regrette tant d'avoir sali le nom de mon frère qui est aussi le mien. Je veux me racheter. C'est très important pour moi.

Cette dernière tirade dont une partie du contenu était d'une parfaite sincérité acheva de convaincre Bonnier.

- Laissez-moi, votre CV, je vais réfléchir, acheva-t-il l'entretien.

Vincent Leroux attendit. Une ou deux fois, diplomatiquement, via Antoine, il revint à la charge pour assurer Bonnier de l'intérêt des informations qu'il détenait et déclarer se tenir prêt à collaborer avec la France.

Chapitre 8

Le général Boursoufflet est un « maitre espion ». C'est du moins la réputation qu'il sut gagner après de longues années dédiées au service de la patrie. D'abord employé par le SDEC dans les années 60, l'ancêtre de la DGSE, il avait disparu des radars à Bucarest pendant trois jours où il était en poste alors qu'il avait reçu l'ordre d'informer ses chefs toutes les douze heures au cours d'une mission délicate. Incapable de fournir des raisons convaincantes au sujet de son absence, soupçonné d'avoir été retourné par la « Securitate », la police secrète du dictateur Ceausescu, il fut débarqué sèchement du service peu après son retour à Paris.

Depuis cet épisode fâcheux qui faillit mettre un terme à sa carrière, il prit l'habitude de noter ses faits et gestes dans des carnets conservés en lieu sûr.

Bonnier, peu convaincu par les raisons invoquées par le SDEC, d'un caractère généreux et indépendant, séduit par le profil de Boursoufflet, un spécialiste du monde arabe et perse, l'avait recruté au CP. Boursoufflet lui vouait depuis ce jour une éternelle reconnaissance et une amitié sans faille.

Enfin, rien n'est jamais sans faille. Peu après son entrée au CP, il fut intégré à la DST (« Direction de la Surveillance du Territoire », le contre-espionnage français) - fait rarissime pour un ancien du SDEC – et, soucieux de prouver sa valeur, il fit merveille dans la traque et l'arrestation de terroristes internationaux qui sévissaient en France et en Europe à partir de la fin des années 70. Un épisode glorieux de sa longue carrière. Reconnaissant, et désireux de préserver l'action de Boursoufflet au Proche Orient où chacun convenait qu'il avait développé un réseau d'informateurs précieux, le pouvoir exécutif créa pour lui un poste taillé sur mesure : « Conseiller pour le renseignement et les opérations spéciales » auprès du ministre de la défense qu'il occupait depuis plus de 15 ans.

Et c'est naturellement vers Boursoufflet que Bonnier se tourna à la suite de son entretien avec Vincent Leroux.

« J'ai rencontré le frère d'Antoine Leroux, mon collaborateur que tu connais, le joint-il au téléphone, oui, celui qui sort de prison, je vois que tu es renseigné. Il me dit avoir des éléments sur le financement du réseau Ben Laden via des sources qu'il a connues à Londres et la famille Ben Laden elle-même. Oui, Ben Laden, même Oussama brièvement ! C'est une famille d'entrepreneurs respectable qui place ses avoirs via un « family office ». Ils étaient clients de Vincent Leroux. C'est un ancien trader. Des saoudiens injectent et extraient des fonds à la city via des paradis fiscaux et noircissent de l'argent pour alimenter le terrorisme. Il m'a paru convaincant. Ah ? Tu as entendu parler de ces réseaux ? Quoi qu'il en soit, il propose de nous donner les éléments qu'il possède. Qu'en penses-tu ? Tu veux le cribler ? Ok, je t'envoie son CV. »

« Cribler » signifie « enquêter » dans le jargon des services secrets, enquêter sur des sources ou de futurs collaborateurs potentiels pour s'assurer de leur fiabilité avant de s'engager avec eux.

Vincent tournait en rond comme un lion en cage depuis sa rencontre avec Bonnier, une rencontre qui représentait pour lui, comme ce fut le cas il y a plusieurs décennies pour Boursoufflet, une chance unique de sauver sa carrière. Dans sa tête agile, de multiples scenarii s'entrechoquaient sur la manière dont il devait convertir l'essai. Par l'intermédiaire de questions habiles à son frère, il avait compris qu'une enquête préliminaire allait très être menée à son sujet. Procédure réglementaire dans les milieux du renseignement.

La mère des Leroux était libanaise, issue d'une influente famille maronite désargentée mais dont certains des membres s'étaient illustrés au côté de Bachir Gemayel, commandant de la « milice des forces libanaises » et président assassiné pendant la sauvage guerre du Liban qui ravagea le pays dans les années 80. Les Leroux avaient conservé des liens forts avec le pays du cèdre et des membres influents du marécage politique local. Elle comptait parmi ses relations le parrain de Vincent, ex chef des services secrets et ancien ambassadeur du Liban en France.

Parcourant son CV, Vincent Leroux téléphona aux deux personnes qui allaient fatalement être approchées d'une façon ou d'une autre à son sujet dans le monde bancaire. Du côté de sa mère, il savait ses racines plaider en sa faveur.

- John ?
- Eh ! Vincent ! Comment vas-tu mon ami ? J'ai vu que tu as encore fait des conneries à Paris ! Tu nous bluffes tu sais ! Tu passes à Londres faire la fête un jour ?
- Non John, je me suis calmé de ce côté-là. J'aimerai te parler d'un truc.
- Calmé mon cul ! Que puis-je faire pour toi ?

- Ecoute voilà, je suis sur un gros coup et je ne peux pas trop t'expliquer. Mais des mecs font une enquête sur moi.
- Ah, ah, ah ! Ils ne vont pas être déçus ! L'interrompt John.
- Non, écoute, John, c'est une affaire sérieuse. Peux-tu arrêter de déconner cinq minutes s'il te plait ? Ils vont forcément t'appeler ou rentrer en contact avec toi. D'une manière ou d'une autre, c'est évident.
- C'est des espions ou quoi ? Répond John soudainement attentif.
- Pas vraiment mais c'est une boite sérieuse qui mène ses enquêtes au rasoir. Ecoute, j'ai un seul service à te demander au nom de notre amitié. Quand ces mecs vont arriver chaussés de leurs gros sabots, est-ce que tu peux leur dire que je trainais souvent avec Abdul et Youcef ?
- Les deux tarés saoudiens ? Ceux avec qui on s'est tapé les trois tchèques ?
- Ouais voilà. Bordel, ne parle pas des tchèques ! Mais dis leur que j'ai trainé pas mal avec des diplomates saoudiens et moyen-orientaux, t'as qu'à dire des libanais. Que je m'intéressais à des mecs issus de la région et que j'avais l'air pas mal informé.
- Informé sur quoi ? Je ne comprends rien.
- Je ne sais pas, les financements occultes, par exemple .... terrorisme ou trafic d'armes…tout ça. Tu n'as qu'à dire que j'y ai fait allusion sans plus de commentaires, enfin tu vois le truc, le gars qui a du biscuit.
- Vincent, bordel, à qui tu montes un pipeau ? Comment peux-tu aimer les situations merdiques à ce point ! Tu m'inquiètes tu sais.
- Vas-tu le faire ?

Après un instant de réflexion, John finit par répondre mi amusé, mi embarrassé :

- Ok mon pote. Je vais cuisiner ta légende de James Bond aux petits oignons. Sans en rajouter ! T'inquiète. Sobre, efficace, cousu main, fais-moi confiance. Tiens-moi au courant ! Je sens qu'on va encore se marrer !

Le second coup de téléphone se déroula à peu près de la même manière. Partouzer crée des liens solides.

Une semaine plus tard, Boursoufflet organisa un déjeuner avec le Général Chapuis de la DGSE, un ancien collègue avec qui il conservait des contacts étroits auquel fut convié Vincent Leroux.

Le criblage s'était révélé positif ; les témoignages d'anciens collègues, contactés par de faux chasseurs de tête en quête d'informations avaient attesté de la grande proximité de Leroux avec des clients saoudiens proches du palais royal. Au Liban, un influent personnage avec qui les services français avaient été régulièrement en contact avait confirmé le sérieux de la famille Leroux.

Chapitre 9

17 janvier 2003

Boursoufflet, déjà convaincu de la valeur de sa source, et en proie à une excitation particulière, voulut tout de même prendre une ultime précaution avant son recrutement par un entretien en présence d'un professionnel du renseignement.

Chez «Tante Marguerite », bistro discret du 7ème arrondissement, Leroux rejoignit les deux généraux dans un salon privé, au premier étage. Quand il reçut cette invitation, il comprit que les enquêtes menées avaient été favorables, neutres au pire, et qu'il jouait son va-tout, celui qui fait basculer un destin. Il fut surpris de voir deux personnes et plus surpris encore de leurs grades : généraux d'active dans les services de renseignement pour lesquels ils prétendaient travailler. Boursoufflet de taille moyenne, âgé sous doute de 70 ans, mince, chauve, le regard brun perçant derrière des lunettes en écaille noires, le visage ovale, altier, les joues creuses et parcourues de profondes rides verticales jusqu'au plissement de ses yeux, l'accueillit avec amabilité.

Vincent Leroux s'était vêtu d'un costume gris sobre et de bonne facture, comme tous ses costumes, d'une cravate bleu sombre mais avait omis une pochette, accessoire trop excentrique dans les circonstances présentes, avait-il pensé.

Les généraux, également en civil, l'invitèrent à s'assoir face à eux derrière une table couverte d'une nappe blanche.

Pour donner le change et demeurer tranquille, il fut commandé un plat simple préparé rapidement. Ils badinèrent de la météo hivernale et des goûts de Vincent pour le tennis et le golf. Vincent se contentait de répondre à minima, avec précision et sans effusion excessive ; il souhaitait projeter de lui l'image d'un homme sérieux, attentif et humble.

Lorsque leurs plats furent apportés et que le serveur disparut derrière la porte, Boursoufflet attaqua Leroux au cœur du sujet.

- Que savez-vous des activités financières de la famille royale saoudienne et de la famille Ben Laden ?
- Comme vous le savez très probablement l'Arabie Saoudite a lancé un « Fond public d'Investissement » en 1971 par l'initiative de roi Fayçal ben Abdelaziz Al Saoud mort assassiné en 1975 par son neveu Fayçal ben Moussaid, introduisit Vincent son exposé. Abdelaziz Al Saoud s'est fait connaitre pour avoir sauvé son pays de la banqueroute et pour la façon dont il le modernisa. Mais il est également connu pour son farouche panislamisme et son soutien sans faille à la cause palestinienne. Mais d'une certaine manière, le ver était dans le fruit dès l'initiation de la politique d'investissement de la monarchie saoudienne.
- Pardonnez-moi de vous interrompre, le coupe Chapuis, je connais cette histoire. Sauriez-vous la raison qui a conduit Fayçal ben Moussaid à assassiner son oncle ?

Interloqué par cette question triviale, une question qu'il aurait pu poser à ses interlocuteurs, il se contenta de répondre : « Très honnêtement, je me suis pas intéressé à ce sujet, ces faits m'ont été rapportés par l'un de mes contacts saoudiens en préambule de ses explications. Je crois que je lui avais posé la question à l'époque et il m'avait dit que ses motivations n'étaient pas très claires mais que lui pensait que le neveu était à moitié fou. Ils l'ont décapité peu après, m'a-t-il dit »

- Exact, exact, mais peu importe, continuez fait Chapuis.
- Donc ce fonds a pour vocation à investir l'immense rente pétrolière des saoudiens et de développer le pays. Il pèse au moins 600 milliards de Dollars. Mais, d'après mes contacts, d'autres fonds plus confidentiels sont issus du fonds principal ou directement créés à l'issue du débouclage d'opérations d'investissement classique (comme la revente de participations) via des intermédiaires dévoués à la cause panislamique : des saoudiens généralement, et pour plus de discrétion, des égyptiens et des libanais. Pour être plus précis, la « Commercial International Bank of Egypt », « QNB Alahi » et d'autres, abritent ces liquidités logées dans des sociétés enregistrées aux Iles Vierges Britanniques, aux iles Cayman, etc. dont le but est de financer des opérations terroristes et de promouvoir l'islam sunnite salafiste.
- Dites en nous plus sur vos sources et le contexte dans lequel elles ont fait ces révélations.
- Mon correspondant principal était Ahmed Riabii, un ancien client, qui travaille pour un véhicule secondaire issu du fonds d'investissement saoudien et nommé « Commodities Growth ». Il spécule sur les matières premières et ses opérations sont compensées et tenues

par Merill Lynch où j'ai travaillé. Il cite ici le nom réel de son seul contact arabe qui d'ailleurs ne fut jamais son client direct.

- Pratique lorsque l'on est producteur de pétrole, l'interrompt Chapuis
- Absolument, on n'est jamais aussi bien servi que par soi-même, dit le proverbe.
- Mais continuez, je vous en prie.
- Bref, Ahmed est un bon vivant, ce qui est souvent le cas des arabes dans la finance en dépit des interdits religieux. Et il fait partie de nos attributions de « sortir » nos donneurs d'ordres afin d'entretenir avec eux une relation chaleureuse. Et c'est au cours d'une de ces sorties en compagnie d'Ahmed que nous avons pu parler.

Il dit à nouveau à moitié vrai, les meilleurs mensonges s'appuient sur une part de vérité. Les courtiers et les « sales » (vendeurs) ont pour habitude de dépenser des sommes considérables en faveur des traders à la source du flux d'exécution des ordres et de leur compensation. Un seul trader, souvent libre de sélectionner son broker, peut générer des revenus considérables pour une maison de courtage et celles-ci ne badinent pas sur le budget nécessaire pour s'attirer les bonnes grâces d'un gros client. Comme ceux-là sont généralement jeunes, plein de fougue, de dynamisme et d'hormones, il est assez facile de deviner la nature des dépenses effectuées. Vincent Leroux, après quelques récriminations de la part des services d'inspection de sa banque, devant l'énormité des notes frais produites et leur nature suspecte, vite étouffées par ses chefs, s'était taillé une réputation enviable et sulfureuse pour la manière dont il distrayait ses clients. Beaucoup d'opérateurs sur le marché souhaitaient faire la fête avec ce français « si sympathique ».

Ahmed Riabii fut l'un de ceux-là, un soir. Bien qu'il sympathisât avec Vincent entre deux rails de cocaïne, jamais la conversation, ne s'écarta des thèmes habituels que sont le corps des femmes, la drogue, l'alcool, le jeu, les voitures, les montres de luxe et le sport abordés lors de ces soirées.

- Ahmed cache bien son jeu, reprend Leroux, mais je me suis vite aperçu qu'il était particulièrement nationaliste pro-arabe et par intérêt j'ai insisté sur « l'Orient opprimé par l'Occident » – j'ai une ascendance libanaise, chrétienne certes, mais cela ne lui posait pas de problème. Et nous savions tous les deux que la famille Ben Laden, dont il était proche, via son fond familial « Global Investment Limited » était cliente de Merill Lynch. La famille Ben Laden est milliardaire et a pignon sur rue. Elle a fait fortune sous l'égide du patriarche dans les bâtiments et les travaux publics. Elle est parfaitement respectable et respectée dans le monde du business. Et moi, naturellement, je souhaitais la récupérer comme client via Ahmed. Rien ne m'intéressait d'autre que le business dans la position et l'état d'esprit qui étaient les miens à l'époque.
- Continuez, fait Boursoufflet particulièrement attentif comme Chapuis à l'évocation du nom « Ben Laden ».
- Ahmed et moi connaissions quelques sunnites influents qui étaient aussi connus de Yeslam l'un des demi-frères d'Oussama Ben Laden et grâce à eux j'ai pu connaitre Yeslam à Londres avec qui j'ai sympathisé et qui m'a confié des premières missions financières : l'exécution d'ordres sur des valeurs mobilières à Merill Lynch où leur fond avait un compte.

- Comment vous êtes-vous rencontrés ? Interroge Chapuis.
- Tout simplement par Ahmed et nos amis communs, dans un café. Yeslam s'est montré chaleureux et le lendemain il m'appelait pour exécuter un ordre. C'est assez simple dans le finance, le client est roi, il choisit son courtier, son gestionnaire, etc.
- Continuez, le prie Boursoufflet, toujours aussi attentif.
- Yeslam a affirmé publiquement qu'OBL a reçu entre 15 à 20 millions de Dollars. Mais, dans les faits, une partie de la fratrie a aidé OBL, perçu comme un héros de la guerre en Afghanistan contre les soviétiques, et a imaginé un circuit de financement en sa faveur. Le gouvernement saoudien a toujours été tenu au courant de l'existence des activités d'OBL considéré alors comme un soldat de l'islam. Très rapidement, Yeslam m'a demandé de l'aider à mettre en œuvre l'alimentation de comptes au Liban de manière discrète par le virement de produits financiers issus du fonds principal pour le compte de son frère Oussama, ce que j'ai appris plus tard. A l'époque, en 1993, il n'était qu'au début de sa carrière de terroriste et connu seulement par ceux qui s'intéressaient à cette question dont je n'étais pas.

  Ce réseau générait environ 50 millions de dollars par an et 5 autres filières existaient soit un montant annuel global de 250 millions de Dollars devant être versés à OBL. Or, seuls 25 millions de Dollars par an lui ont été effectivement transférés.

  En 2001, 75 millions de Dollars de l'héritage perçu par OBL figuraient toujours sur un compte personnel de ce dernier à la banque « Wedge » de Beyrouth, propriété de Medhi Ares qui l'a cédé en juin 2001 à la banque « Byblos ».

En 1993, Tariq Ben Laden, un autre demi-frère, - le père a eu 22 épouses et Oussama a 53 demi frères et sœurs - m'a envoyé au Liban régler des affaires, essentiellement de l'allocation d'actifs dans différents portefeuilles et j'ai rencontré Oussama Ben Laden à cette occasion pour la première fois.[1]

- Vous avez rencontré Oussama Ben Laden ! Laisse échapper Chapuis.
- Oui. A la demande de Tariq, je me rends au Liban via l'Italie. Son relais sur place est une de ses soeurs, Yasmine, célibataire et maitresse d'Abdul Achour, un libanais originaire de Beino, village du Akkar, docteur en économie et conseiller de l'actuel vice-premier ministre Ahmed Ares. La rencontre a eu lieu à la Banque centrale du Liban. Le gouverneur de la Banque, Riyad Nasser (qui est un ex courtier de Merill Lynch et proche de Rafiq Hariri) m'a présenté Oussama Ben Laden. Il s'est éclipsé au bout de 5 minutes pour nous laisser en tête à tête.[2]

A l'évocation de la rencontre du trader avec le terroriste le plus recherché de la planète les deux officiers ne purent dissimuler de légers signes d'excitation qui se traduisirent par une tension des traits du visage et mouvement en avant des épaules. Et, devant ces signaux que leur hôte avait le don de décrypter, Vincent Leroux éprouva une jouissance diffuse et une admiration de lui-même qu'il contrôla et réprima immédiatement. Demeurer factuel, sérieux et naïf.

- Continuez, fait Boursoufflet. Que voulait-il ?

---

[1] Reprise partielle (et noms en partie modifiés) d'une note de la DGSE.

[2] Reprise partielle d'une note de la DGSE.

- Il voulait tout simplement que je l'aide à mettre à disposition du cash sur certains comptes dont il était directement bénéficiaire. Tout simplement si je puis dire. Mais rétrospectivement, je pense que cette rencontre avait pour objectif de me « compromettre » et à me lier un peu plus à la famille.
- Comment est Ben Laden ?
- Très doux, sympathique, un peu simple d'esprit j'ai trouvé. Il ne pouvait pas rivaliser avec ses deux demi-frères sur le plan financier, des types très malins et peu honnêtes. Les deux demi-frères ont fait main basse sur la gestion des fonds au détriment des autres membres de la famille et notamment de leurs sœurs. Toutefois le véritable donneur d'ordres est Mohammed Behareth qui a été désigné tuteur à la mort du patriarche Ben Laden. Il est très proche du souverain d'Arabie Saoudite. Cette gestion financière contestable a conduit Omar Ben Laden, un autre demi-frère, membre du conseil d'administration du groupe à démissionner de ses fonctions en 2001.[3]
- Combien de fois avez-vous rencontré Oussama Ben Laden ?
- Trois fois en tout et dans le même contexte, et pour le même type de missions. Une fois en 1997 et la dernière fois en février 2001.
- Mais vous saviez qu'il était déjà considéré comme un terroriste ?
- Plus ou moins, j'avais entendu parler de « trucs louches » et je faisais des opérations louches. De toute façon, j'étais piégé. Je faisais discrètement ce qui m'était demandé. Il était clair que chacun avait compris qu'il fallait être discret.

[3] Reprise partielle d'une note de la DGSE.

- Vous parliez en anglais ?
- Oui, mais par ma mère je parle un peu arabe. Moins bien que mon frère cependant. C'était un client voilà tout. Oussama parle parfaitement anglais et dans la finance tout se fait en anglais.

Les généraux échangèrent des regards complices. De ceux qui ont remporté le gros lot.

Totalement séduits par le récit qui leur est fait, ils relancèrent Leroux :

- Continuez, je vous en prie, fait Chapuis.
- Donc en fait. La raison pour laquelle je vous ai contacté ou plutôt je suis entré en relation avec vous via mon frère et EDA est pour vous donner ce que j'ai en ma possession. J'ai mis à l'abri, au Liban, chez des amis d'enfance d'Ahmed Riabii des documents relatifs à des opérations financières réalisées pour le compte des réseaux Ben Laden. Un quarantaine de pages environ. Je propose de vous les remettre. Tout simplement.
- Pourquoi ne pas les avoir confiés à des membres de votre famille ?
- Ils ne sont pas assez « fiables ». Et à la réflexion, je ne voulais pas les impliquer dans cette histoire. Rétrospectivement, je pense que j'ai eu raison.
- Je vous en prie, continuez.
- Ok, ces documents sont de deux types :
  5 feuillets de listing du compte nominatif en Dollars d'OBL à la Wedge Bank, que j'ai obtenu lors de ma troisième rencontre avec lui. Il s'agissait d'une mission d'audit de ses comptes. Ces info sont enregistrées sur micro fiches et concernent des opérations intervenues jusqu'en février 2001.

Une copie de contrats de SWAP que j'ai conclu en 1993, 99 et 2000 chez Merill Lynch pour des opérations de noircissement.[4]

Voilà, c'est tout.

Après long silence, que Leroux interpréta comme une victoire, le général Boursoufflet prit la parole : « Pourquoi maintenant, venir nous aider ? » « Par patriotisme, sens du devoir, j'ai fauté, je dois me racheter, je veux me racheter. C'est important pour ma famille et pour moi. Très important » Mentit-il.

Les jours suivants, après avoir vérifié qu'Ahmed Riabii était bien employé par le fond souverain saoudien, et que les autres noms cités étaient réels et en lien logique les uns avec les autres, le général rédigea une note à l'attention du ministre de la défense :

« Opération OBL 20 janvier 2003[5]

Pénétration du réseau financier d'Oussama Ben LADEN

1 - Sur recommandation d'une de mes sources arabes, activée dans le cadre de la lutte antiterroriste, j'ai eu un contact le 30 octobre dernier, avec une personne, qui souhaite me donner des informations très sensibles, sur les structures financières d'OBL.

Après une heure d'entretien et au terme de vérifications rapides il est apparu que :

---

[4] Reprise partielle d'une note de la DGSE.

[5] Reproduction d'une note du Général Rondot au ministre de la Défense.

La personne en question a été l'un des conseillers financiers d'Oussama Ben Laden et qu'il connait jusqu'à une date récente les montages que celui-ci a réalisés pour faire fructifier sa richesse.

Elle a été en contact direct avec OBL plusieurs fois, le dernier remontant à février 2001.

Elle est disposée – sans aucune compensation mais ses motivations sont assez complexes – à nous dévoiler la partie des structures financières dont elle a eu connaissance, documents à l'appui.

2 - Considérant que je suis techniquement incapable de recueillir et d'évaluer ces renseignements, j'ai organisé un rencontre avec le Général Dominique Chapuis et le 15 janvier 2003 à l'occasion d'un déjeuner où a été convié mon informateur.

Les données livrées ont facilement convaincu le représentant de la DGSE que nous avions devant nous, non seulement, une source d'une qualité exceptionnelle, mais également, un expert de très haut niveau susceptible d'analyser, voire de pénétrer ce monde trouble de la haute finance.

3 - Naturellement, la DGSE et moi-même, bien conscients que l'on ne doit pas s'engager dans une opération dont les tenants et les aboutissants peuvent en partie nous échapper en entrainant des conséquences politiques dommageables ne serait-ce que dans les complexes relations franco-saoudiennes et franco-libanaises, prenons toutes les précautions pour exploiter le filon « Oasis » sans donner prise à une possibilité d'instrumentalisation ou de manipulation de sa part.

Sauf objection de votre part, nous comptons poursuivre nos contacts avec « Oasis » en lui fixant les règles du jeu.»

Note immédiatement paraphée d'un « ok » de la part de la ministre de la Défense parmi la dizaine qu'elle eut à viser dans la journée. Elle pensa que toute piste dans la traque de Ben Laden était bonne à suivre et que sa capture par la France serait de nature à apaiser ses relations devenues exécrables avec les Etats-Unis depuis qu'elle avait fait connaitre son hostilité à participer à un conflit armé en cours de préparation contre l'Irak de Saddam Hussein.

Dans les semaines qui suivirent, Leroux fut adressé à un officier traitant de la DGSE, « Michel » de son nom de code à qui il devait livrer ses informations. La centrale nomma sa nouvelle source « Janus ».

Sur instruction de Boursoufflet, Bonnier, excité, reçut de nouveau Vincent chaleureusement.

Grand, élégant, servi d'un costume sombre d'une étoffe de qualité supérieure, cravaté Hermes, menton haut, le cheveu brun fourni, coiffé en arrière d'un front large, des petits yeux bleus avenants et vifs derrière des lunettes d'écailles noires, des joues pleines, légèrement tombantes, mais les traits fins, le cadre supérieur affiche un maintien et une politesse aristocratique. Il remue ses longues mains, dont l'une agite une Patek Philippe, et bouge sa tête en tous sens, comme son corps longiligne et nerveux secoué par un enthousiasme visible.

- J'ai vu Boursoufflet, accueille-t-il Leroux, effervescent. Vous pouvez servir votre pays jeune homme ! Donnez aux services ce que vous avez !
- J'en serai ravi monsieur.
- Nous allons vous donner une couverture au sein d'EDA, c'est très commun. Enfin cela reste entre nous, s'agite-t-il. Je pense que vous me suivez. Hein, dans l'ombre ! Pas de bruit, silence sur vos activités ! Motus !
- Absolument, je crois que..

- Bon combien vous-voulez ? L'interrompt-il, toujours aussi excité.
- Heu, et bien, je ne sais pas, fait Leroux pris de court, disons 3000 euros.
- 3000 ? Fait Bonnier interloqué
- Heu eh bien oui, (est-ce encore trop se demande-t-il ?)
- Je vous en donne 5000 hors taxes.

Ainsi, ex trader et broker noceur licencié à Londres, ex gestionnaire de fonds véreux à Paris, ex détenu à la prison de la santé, Vincent Leroux endossa avec enthousiasme son quatrième uniforme : agent secret sous couverture de consultant auprès du complexe militaro industriel français, sous les noms de code « Janus » et « Oasis ».

Dans les frimas de l'hiver naissant, alors que l'obscurité s'était emparée de la capitale, que la froidure et l'humidité perçaient les corps et dissolvaient le moral des parisiens, Leroux, triomphant et imperméable aux aléas saisonniers prétexta auprès de sa femmes un week-end de détente avec des amis pour emmener sa maitresse au ski. Sous un soleil insolent, il contempla les monts enneigés comme une promesse de bonheur. « Regarde-moi toute cette coke Marlène ! » hurla-t-il son sourire carnassier retrouvé.

Chapitre 10

Compte Rendu d'entrevue avec Janus.[6]

I - Circonstances :

Le 10 février 2003, parking des Galeries Lafayette, Paris.

Déroulement chronologique :

15h00 Arrivée de l'officier traitant au point de rendez-vous place de la Madeleine.

15h05 Janus arrive au volant de son véhicule personnel.

15h10 Janus gare son véhicule au parking des Galeries Lafayette, début des entretiens.

Janus est jovial, ambiance détendue. Il se montre enthousiaste à l'idée de coopérer avec la DGSE et des perspectives professionnelles qui s'ouvrent à lui et s'est excusé de son ton professoral lorsqu'il explique les montages financiers.

Sujet traité : Récupération de documents financiers à Beyrouth, description des opérations dont Janus a eu à connaitre. Récupérer des intitulés de comptes de Merill Lynch par lesquels le courtier a compensé des opérations

---

[6] Reproduction presque à l'identique d'une note de la DGSE.

financières pour le compte du fond de pension de la famille Ben Laden.

Janus explique détenir deux types de documents (voire note annexe) et se propose de les collecter auprès de son contact saoudien Ahmed Riabii avec qui il fut en contact à Londres alors qu'il travaillait pour le courtier Merill Lynch.

Janus propose une fois les documents en main de livrer une version détaillée et chiffrée de toutes les opérations dont il a eu à connaitre.

Il spécifie que la circulation de l'argent des Ben Laden doit être suivie de compte en compte pour une compréhension complète des circuits financiers empruntés. Pour cela, il propose de tamponner le journaliste Maurice Dubois qui détient la liste des opérations compensées pour Merrill Lynch par « Clearing SA », chambre de compensation suisse. Il spécifie que Clearing SA agit comme un « notaire » et conserve la trace de toutes les opérations effectuées sur les valeurs mobilières mondialement.

15h35 Rupture du contact. »

Chapitre 11

Maurice Dubois croit en l'avènement d'une société plus juste, plus sociale, plus écologique et débarrassée des scories d'un capitalisme financier débridé. La gauche, c'est la volonté d'agir, la volonté de ne pas accepter l'inacceptable au nom de l'humanité. La gauche est un engagement, une marche en avant, un combat contre le cynisme, l'égoïsme et sa conséquence première : l'exploitation de l'homme par l'homme, le serf succédant à l'esclave et le prolétaire au serf pour un destin identique.

Enfin, vous voyez le tableau.

Dans un monde contrôlé par les « maitres de la Finance », existent les organismes tutelle et les grands intermédiaires que sont les chambres de compensation. Les « banques des banques » sont-elles qualifiées par certains journalistes. Appellation en partie injustifiée dans la mesure où une « banque des banques » est appelée à être l'ultime dépositaire d'une partie des avoirs du système financier, comme les banques centrales par exemple. Le mécanisme de compensation, même si il existe une fonction de dépositaire attachée, s'apparente plus à de l'intermédiation classique. Cette technique est aussi vielle que la finance elle-même : en une journée des milliers d'opérateurs s'échangent des titres de toutes natures et dont une majeure partie est composée de valeurs mobilières ; aux fins d'éviter de nombreuses écritures comptables inutiles, les opérations de livraison sont centralisées auprès d'une chambre de compensation, laquelle calcule les flux nets des établissements les uns vis-à-vis des autres. Les centaines ou milliers de transactions sur un titre négociées entre deux banques en une journée donnent lieu à une seule écriture. Les valeurs mobilières sont généralement déposées dans des établissements spécialisés nommés « Custodian » ou « Dépositaires », qui peuvent être les chambres de compensation elles-mêmes ou des organismes affiliés. Le dépositaire effectue les transferts sur la base des informations de compensation reçues et en conserve scrupuleusement la trace. Par ailleurs, les chambres de compensation assurent pour la plupart « une garantie de bonne fin » en s'intercalant entre les vendeurs et les acheteurs et/ou par des mécanismes de fonds de sécurité et de dépôt de garantie pour faire face à une défaillance de l'un de ses membres.

En synthèse, ces institutions sont nécessaires au bon fonctionnement technique du système et elles brassent mécaniquement des sommes gigantesques. Leur activité est ancienne, connue et ne présente aucun mystère pour qui sait les éléments essentiels qui constituent l'ossature des marchés financiers.

Mais par pour Dubois, qui fut toujours fasciné par la « Haute Finance » sans jamais la comprendre. Et, quand un employé lui remit un listing issu de « Clearing SA », lui montrant des comptes « suspects », car provenant pour certains, de paradis fiscaux, il en conclut que l'établissement en question et certains de ses clients étaient les plus grands blanchisseurs de capitaux de la planète et l'écrivit.

Exactement, il ne s'agissait pas de n'importe quel employé mais de l'un des fondateurs de Clearing SA licencié par ses anciens collègues. Celui-ci expliqua à Dubois qu'initialement, lors de la création de la chambre, alors appelée « Credel », la liste des comptes était publique, dite « publiée », et que par la suite son fonctionnement s'était opacifié et camouflait une liste de comptes secrète, dite « non publiée », issus pour la plupart de places offshore et dont les activités ne pouvaient être que criminelles.

Le public le crut et il passa pour un spécialiste de la question. De nos jours, renommée vaut compétence, l'habit fait le moine.

Techniquement, il est absurde et même presqu'impossible de blanchir de l'argent depuis un établissement coupole de la finance. Le blanchiment de capitaux s'opère, au contraire, en périphérie via des établissements discrets. Par étapes successives, l'argent sale se rapproche du cœur du système. Chez les grands acteurs de la finance mondiale, les dépôts ont été rendus honorables, dans la majorité des cas, bien en amont de leur arrivée dans leurs livres. D'autre part, tous les comptes sont « non publiés » par essence. Monsieur Dupont verrait d'un mauvais œil la divulgation de ses coordonnées bancaires. Il était donc inéluctable que Clearing SA en fit autant.

Mais il est certain qu'à cette époque, les paradis fiscaux étaient pleinement intégrés au système financier et il n'existait que très peu de restrictions en matière d'ouverture de compte. Surtout en Suisse ou au Luxembourg. D'autre part, tous les établissements bancaires avaient et ont pour beaucoup des filiales dans les zones offshores pour permettre de nombreux montages qui consistent à gruger légalement le fisc mais pas seulement.

Dubois avait découvert un monde auquel il n'entendait rien les yeux ébahis et n'avait rien démontré tout en pensant le contraire.

Quel que soit la qualité d'enquêteur de Théodule Marx ou d'Ernest Engels, les profits issus des trafics illicites, au premier rang desquels figurent ceux du commerce de la drogue dont le volume d'affaire se chiffre en centaines de milliards de dollars annuels, trouvent le moyen de s'infiltrer dans les circuits financiers. Les paradis fiscaux ont largement servis de lessiveuses pour cet objectif mais selon le procédé périphérique dont on a parlé.

Dubois, la technique, il s'en fichait un peu. Et son listing de comptes qui ne prouvait rien, ni dans un sens, ni dans l'autre, fit, par le fait même qu'il l'obtint illégalement, et qu'il le présenta à grands renfort de publicité, sa gloire et établit sa réputation de fine lame de l'investigation, surtout dans les milieux de gauche.

Longtemps, les magistrats ont disposé de moyens artisanaux face à une industrie criminelle et il faut reconnaitre que c'est la protestation symbolique de sept d'entre eux émise en 1996 sous le nom d' « Appel de Genève » avec l'aide du journaliste incompétent, mais qui avait effleuré l'iceberg, qui permit de faire évoluer les choses sans les régler le moins du monde. Le texte rédigé par les juges ne s'embarrassa pas de périphrases pour décrire le problème :

« Par cet appel, nous désirons contribuer à construire, dans l'intérêt même de notre communauté, une Europe plus juste et plus sûre, où la fraude et le crime ne bénéficient plus d'une large impunité et d'où la corruption sera réellement éradiquée.

Conseil de l'Europe, traité de Rome, accords de Schengen, traité de Maastricht : à l'ombre de cette Europe en construction visible, officielle et respectable, se cache une autre Europe, plus discrète, moins avouable. C'est l'Europe des paradis fiscaux qui prospère sans vergogne grâce aux capitaux auxquels elle prête un refuge complaisant. C'est aussi l'Europe des places financières et des établissements bancaires, où le secret est trop souvent un alibi et un paravent. Cette Europe des comptes à numéro et des lessiveuses à billets est utilisée pour recycler l'argent de la drogue, du terrorisme, des sectes, de la corruption et des activités mafieuses.
Les circuits occultes empruntés par les organisations délinquantes, voire dans de nombreux cas criminelles, se développent en même temps qu'explosent les échanges financiers internationaux et que les entreprises multiplient leurs activités, ou transfèrent leurs sièges au-delà des frontières nationales. Certaines personnalités et certains partis politiques ont eux-mêmes, à diverses occasions, profité de ces circuits. Par ailleurs, les autorités politiques, tous pays confondus, se révèlent aujourd'hui incapables de s'attaquer, clairement et efficacement, à cette Europe de l'ombre.

À l'heure des réseaux informatiques, d'Internet, du modem et du fax, l'argent d'origine frauduleuse peut circuler à grande vitesse d'un compte à l'autre, d'un paradis fiscal à l'autre, sous couvert de sociétés offshore, anonymes, contrôlées par de respectables fiduciaires généreusement appointées. Cet argent est ensuite placé ou investi hors de tout contrôle.

L'impunité est aujourd'hui quasi assurée aux fraudeurs. Des années seront en effet nécessaires à la justice de chacun des pays européens pour retrouver la trace de cet argent, quand cela ne s'avérera pas impossible dans le cadre légal actuel hérité d'une époque où les frontières avaient encore un sens pour les personnes, les biens et les capitaux.

Pour avoir une chance de lutter contre une criminalité qui profite largement des réglementations en vigueur dans les différents pays européens, il est urgent d'abolir les protectionnismes dépassés en matière policière et judiciaire. Il devient nécessaire d'instaurer un véritable espace judiciaire européen au sein duquel les magistrats pourront, sans entraves autres que celles de l'État de droit, rechercher et échanger les informations utiles aux enquêtes en cours.
Nous demandons la mise en application effective des accords de Schengen prévoyant la transmission directe de commissions rogatoires internationales et du résultat des investigations entre juges, sans interférences du pouvoir exécutif et sans recours à la voie diplomatique.

Nous souhaitons, au nom de l'égalité de tous les citoyens devant la loi, la signature de conventions internationales entre pays européens :
– garantissant la levée du secret bancaire lors de demandes d'entraide internationale en matière pénale émanant des autorités judiciaires des différents pays signataires, là où ce secret pourrait encore être invoqué;
– permettant à tout juge européen de s'adresser directement à tout autre juge européen;
– prévoyant la transmission immédiate et directe du résultat des investigations demandées par commissions rogatoires internationales, nonobstant tout recours interne au sein de l'État requis;
– incluant le renforcement de l'assistance mutuelle administrative en matière fiscale. À ce propos, dans les pays

qui ne le connaissent pas, nous proposons la création d'une nouvelle incrimination d'" escroquerie fiscale " pour les cas où la fraude porte sur un montant significatif et a été commise par l'emploi de manœuvres frauduleuses tendant à dissimuler la réalité.

[…]

Par cet appel, nous désirons contribuer à construire, dans l'intérêt même de notre communauté, une Europe plus juste et plus sûre, où la fraude et le crime ne bénéficient plus d'une large impunité et d'où la corruption sera réellement éradiquée.

Il en va de l'avenir de la démocratie en Europe et la véritable garantie des droits du citoyen est à ce prix. »

Un appel clair et brutal qui eut des conséquences. De contraignantes réglementations furent adoptées et encore renforcées après la crise dite des « subprime » en 2008. Les accords de Bâle (en Suisse !) alourdis de nouvelles règles, année après année, corsetèrent considérablement les banques européennes. Si la finance de l'ombre existe, elle est de plus en plus discrète et traquée. Peu sont les établissements financiers qui prendraient sur le vieux continent le risque de salir leur image et de s'attirer les foudres de la commission européenne ou des juridictions des états. Les paradis fiscaux ont mauvaise presse. S'y enfermer ne permet plus d'en sortir aussi facilement que par le passé. Enfin l'argent liquide est traqué, honni, bientôt mis au ban. Les citoyens sont supposés être exemplaires : plus de putes, plus de cash comme chez les scandinaves.

Mais pour quels résultats ?

Le trafic de drogue s'est-il interrompu ? Les milliards issus de l'économie souterraine sont-ils blanchis ? Le système financier actuel et sa montagne de dettes est-il sain ?

A l'époque, au cœur des marchés, tout le monde se moquait, et Leroux comme les autres. Il est un dicton dans la city qui dit : « Ceux qui parlent ne savent pas, et ceux qui savent ne parlent pas ». Même aujourd'hui, il est rare qu'un « top gun » de la finance : un gestionnaire de « hedge fund » par exemple, un top trader ou un cadre exécutif d'un grand acteur de la finance, s'explique sur « YouTube » à longueur de vidéos. Ils laissent la place aux guignols jargonneux qui dénoncent toutes sortes de « complots », lesquels revêtent toutes couleurs selon les obédiences : maçonniques, satanistes, Illuminati, pédophiles, religieux, oligarchiques, comme il vous plaira, tout est en magasin. D'autres assènent pompeusement des évidences ou prétendent avoir prédit des évènements qui viennent à peine de survenir ou promettent la richesse aux naïfs arrogants - les secrets du « trading » -, alors qu'ils sont eux-mêmes sans le sou.

Mais peu importe, Dubois et sa soif d'un monde socialiste avait une utilité pour Leroux. Dans la partie qu'il jouait, un coup d'avance était souhaitable. Il fallait ouvrir des portes qui autorisaient des stratégies futures. Le plus important, pour lui, n'était pas les informations que détenaient Maurice Dubois mais le fait qu'il put convaincre son officier traitant de la nécessité d'y avoir accès. Complexifier l'affaire pour perdre Michel, pour tromper son monde. Ajouter un atout dans son jeu alors qu'il entamait une partie serrée avec la DGSE semblait être un bon mouvement. Le battage médiatique autour d'un journaliste gauchiste donnait un parfum sulfureux à ce qui émanait de lui, faisait planer une forme de doute : Maurice Dubois, l'homme qui peut-être détenait les secrets de l'argent sale. Leroux, imaginatif, opportuniste et attentif au monde extérieur n'était pas resté insensible au barnum médiatique déclenché par le trublion marxisant. Il avait rapidement compris à quel point son milieu professionnel, finalement assez complexe, était totalement hermétique aux non-initiés ce qui lui permettait d'élucubrer n'importe quelle connerie pour peu qu'elle fut présentée avec le sabir adéquat.

Avec l'accord de la DGSE, il contacta le journaliste et, fort de son charme, il ne fut pas long à le voir, à l'admirer, à approuver avec lui les-dégâts-honteux-de-la-finance-folle, à se repentir devant la conscience morale qu'incarne le néo marxisme, et, après être venu à bout de deux bouteilles de beaujolais, il parvint enfin emporter une copie des listings des clients de la chambre de compensation suisse.

Chapitre 12

Le 1er Mars 2003[7]

Déroulement chronologique :

13h00 Arrivée de l'officier traitant au point de rendez-vous au Drugstore des champs Elysées.

13h02 Arrivée de Janus.

13h03 Début des entretiens au restaurant du drugstore.

Ambiance détendue.

Sujet traité : Récupération de documents bancaires.

Janus déclare avoir établi un contact chaleureux avec Ahmed Riabii et se dit confiant dans la récupération des documents. Néanmoins, il sent une certaine nervosité chez son interlocuteur. Il pense qu'une rencontre physique dans un à deux mois sur place lors d'un congé d'Ahmed constitue la meilleures stratégie à suivre.

Janus déclare avoir récupéré une liste de comptes numérotés et non numérotés domiciliés auprès de Clearing SA, une chambre de compensation de valeurs mobilières situées en Suisse avec leurs ayant droits et les mouvements financiers ayant transité par cet organisme financier.

[7] Reproduction presque à l'identique d'une note de la DGSE.

Au total plus de 15 000 comptes et leurs mouvements associés au cours de la période janvier 2001 à mars 2002.

Janus me donne une clé USB, copie de celle qu'il détient contenant les informations en question.

13h45 Rupture du contact et départ de Janus.

Chapitre 13

Jean Luc Langsade fut toujours un homme pressé. A sa naissance, en 1935, il avait crié alors qu'il n'était pas totalement extrait du ventre de sa mère. Et cette anecdote fut souvent rapportée à son sujet. Il naquit aussi avec la bosse des affaires et des mathématiques, un atout majeur dans un monde devenu technologique et affairiste.

Jeune ingénieur à la fin des années 50, pas polytechnicien certes, mais issu d'une école très honorable, il fut embauché par Marcel Vaisseau, grand industriel de l'aéronautique militaire et fondateur du légendaire groupe éponyme.

Le jeune Langsade se fit vite remarquer par son dynamisme mais surtout par son charisme et, s'il n'était pas le plus doué des ingénieurs, mais pas le moins doué non plus, il était le plus chaleureux, le plus enthousiaste et chacun l'appréciait.

Alors que le patriarche Marcel Vaisseau qui aimait à connaitre ses troupes commençait à l'observer d'un œil attentif et discret, Henri De Chassaigne, PDG vieillissant et actionnaire principal d'une petite entreprise d'électronique dans le domaine militaire et spatial, « SMD », acronyme de

« Systèmes, Mécanique et Défense » le débaucha pour en faire son second.

Chassaigne n'avait confiance en aucun de ses fils pour lui succéder. Viscéralement attaché à l'entreprise qu'il fonda, il vit dans le jeune Langsade, avec qui il eut à collaborer comme sous-traitant de Vaisseau, l'homme de la situation, le fils qu'il aurait aimé procréer.

Langsade pressé, on l'a dit, de faire la démonstration de ses talents montra une énergie considérable pour diversifier l'entreprise : les automatismes, les télécommunications militaires et civiles, la prospection offshore ou les transports urbains. Il avait du flair pour repérer les niches technologiques dans lesquelles une troupe d'ingénieurs enthousiaste pouvait proposer des solutions innovantes. De Chassaigne impressionné par les performances de son poulain et fier de son choix l'imposa trois ans plus tard comme PDG et le dota d'un portefeuille d'actions de l'entreprise, socle de sa fortune future.

A partir de la fin des années 70, il fit feu de tout bois par la mise en œuvre d'une stratégie de croissance forcenée via divers projets et acquisitions dont certains de révélèrent des échecs retentissants et d'autres des succès fulgurants. Ainsi SMD renforça son activité traditionnelle, la conception de missiles et de satellites, mais se déploya concomitamment tous azimuts dans les téléviseurs couleur, l'automobile, les communications, l'horlogerie de luxe et de précision, les armes de poing, les carburateurs pour motocyclette, l'électronique de défense, la cryptologie, les évènements sportifs, les transports, et fit même l'acquisition d'un radio périphérique et d'un éditeur.

Environ la moitié des initiatives de Langsade échouèrent et certaines mirent même en péril la maison mère. Mais ses succès, notamment dans les activités militaires, compensèrent largement ces pertes et, à l'orée des années 80, SMD devint un acteur incontournable du secteur. Petite, mais agressive, l'entreprise mordait les mollets des gros industriels de l'hexagone et son nom était régulièrement cité dans les cénacles qui dirigeaient la France.

Langsade apprit tout de lui-même ; il apprit que la devise des parachutistes « Qui ose gagne ! » était vertueuse et il apprit aussi qu'il était faillible, aveuglé par son enthousiasme. Ainsi, conscient de lui-même, et en réponse à la maxime de Socrate, « Connais-toi, toi-même », il adopta comme doctrine de s'accorder de sa fougue, on ne peut durablement se séparer de soi, mais décida de la punir sans pitié par des actions vigoureuses quand elle le mènerait au chaos.

Réputé de droite, comme tous les industriels à l'époque, l'arrivée de François Mitterrand aux commandes de la France en 1981, eut pour conséquence la nationalisation de son entreprise. Contrairement au mépris qu'affichèrent quelques grands capitalistes vis-à-vis du nouveau président, il s'accommoda avec lui, comme Marcel Vaisseau d'ailleurs, et obtint, fort de son charme et à l'issue d'habiles négociations de demeurer PDG de son entreprise. Qui mieux que lui pouvait servir les intérêts de l'état ?

La volonté marxisante du pouvoir ne résista pas longtemps à la réalité et les socialistes qui perdirent la majorité en 1986 lors des élections législatives protestèrent assez mollement quand la plupart des compagnies nationalisées retournèrent dans le secteur privé. Langsade agit toutes ces années en sous-main pour soutenir le clan Chirac, sa première incursion véritablement active dans un camp politique, et il en fut récompensé en retrouvant le plein contrôle de SMD.

Jean Luc Langsade savait l'importance des médias. Leur profitabilité était faible à l'époque, hormis la télévision, comparée à ses autres activités, mais, par l'effet de levier considérable qu'ils procuraient à ceux qui les contrôlaient, ils constituaient un atout majeur face aux hommes politiques. En plus de sa station de radio, il acquit plusieurs journaux et comme il avait faim, se constitua bientôt un petit empire dans le domaine de l'édition. Il regroupa ces activités sous la houlette d'une seule société : « Editions Premier » l'éditeur avalé en 1980. A l'époque, le nouveau pouvoir privatisa la première chaine de télévision et il postula à son rachat. A sa grande surprise, il fut écarté. Les chiraquiens, tout bien considéré, estimèrent que le sémillant Langsade, n'était pas l'allié le plus fiable, jugé à juste titre trop indépendant, et lui préférèrent une puissante entreprise de travaux publics avec laquelle ils étaient en affaire de façon discrète et efficace depuis des décennies.

Une année avant que les chiraquiens n'emportent les élections législatives, les socialistes, convaincus de leur défaite à venir, avaient souhaité élargir le paysage audiovisuel français au secteur privé et octroyé de nouvelles concessions à des investisseurs de leur obédience. Ainsi, face une privatisation probable des grandes chaines de télévision, ils sanctuarisaient des canaux de communication en leur faveur. En 1985, l'état accorda une concession de service publique d'une durée de 18 années à une société privée dont les deux principaux actionnaires, un entrepreneur français et un mogul italien, affichèrent l'ambition de trôner au sommet du paysage audio-visuel national. Les chiraquiens, peu naïfs sur les intentions de leurs adversaires politiques, ripostèrent sitôt les élections gagnées. Ils dénoncèrent une attribution scandaleuse octroyée sans appel d'offre véritable et émirent à la vitesse de l'éclair un décret pour réattribuer la concession avant son expiration. Après plusieurs intrigues byzantines qui impliquèrent les autorités (fantoches) de contrôle des médias, des chausse trappes diverses ourdies par les uns et par les autres, ils parvinrent à leurs fins en imposant au capital de la chaine, au côté du fougueux italien, un patron de presse français notoirement catalogué à droite.

Langsade ne fut pas invité à ce festin, on l'assurait alors qu'il mangerait le morceau de choix : la première chaine de télévision.

Ainsi, fut-il totalement floué.

Frustré, marri, piaffant d'impatience, il dut jouer les observateurs d'un monde devant lequel il crevait d'entrer.

Il n'eut pas à attendre longtemps.

Chapitre 14

La France est finalement un pays assez conservateur dans lequel les marques, qu'elles soient commerciales, médiatiques ou politiques, ont la vie longue. La cinquième chaine, puisqu'il s'agissait de celle-ci, avait lancé une campagne ambitieuse et tapageuse de conquête de l'audience, ne reculant devant aucun moyen, aucune vulgarité, aucun investissement et elle accumula bientôt des pertes abyssales sans parvenir à atteindre son objectif : ravir la place hégémonique de la première chaine historique. Après quatre années d'échec, le magnat et actionnaire français, paniqué par la banqueroute désormais possible de son empire, appela lui-même Jean Luc Langsade à sa rescousse. Devant une situation si périlleuse, personne ne put s'opposer à l'entrée fracassante du flamboyant PDG dans le secteur audiovisuel. Encouragé par le pouvoir redevenu socialiste, désireux de sauver sa créature et d'écarter les actionnaires hostiles, il n'écouta pas les conseils de son jeune collaborateur, Jean Louis Bonnier, le seul qui essaya de le dissuader avec force arguments de se lancer dans ce puits sans fond. « Nous avons mieux à faire que les saltimbanques ! » lui disait-il. « Vous êtes jeune, vous ne comprenez pas encore que le pouvoir est une patiente construction et qu'il porte des fruits bien mûrs pour qui le possède » lui répondit Langsade.

Bonnier admirait l'audace de son patron, son charisme, son instinct, la manière dont il avait forgé son empire, seul, servi par sa vision unique de son environnement et son sens de l'anticipation. Langsade est le genre d'homme à qui l'on se dévoue, que l'on suit même aveuglément ; d'ailleurs ne disait-on pas les « Langsade's boys » sur la place de Paris ?

Mais Bonnier aimait la géopolitique, les services secrets et l'armement et tout dévot qu'il fut envers de son chef, il ne put s'empêcher de calculer froidement : avec 2.5 milliards de francs de pertes cumulées, il ne vit pas comment, loin derrière la toute puissante première chaine de télévision, la nouvelle danseuse du patron pourrait redresser la situation. Or pour assurer la santé du groupe, sa survie même, il était nécessaire de faire de cette aventure un succès.

Langsade changea tout : les présentateurs, le logo, les émissions, la ligne éditoriale, les décors, même l'ameublement ; il débaucha à prix d'or des professionnels du secteur public, essaya, surenchérissant sans modération et parfois avec succès, d'arracher des contrats de diffusion de sports populaires à ses concurrents.

Las, en moins de deux ans, les pertes accusèrent un milliard de plus, celui de trop, celui qu'aucune banque ne financerait. Après une restructuration sévère, pour tenter de sauver l'édifice mais qui n'eut pour conséquence que de finir de le fragiliser, Bonnier, affolé par les conséquences dramatiques qui se profilaient, affronta son chef et obtint la liquidation par cette phrase assénée avec froideur : « Votre chaine ressemble à une écurie de Formule 1 qui vendrait ses pneus pour acheter l'essence ». Il avait pensé que la métaphore sportive, pour le passionné de course automobile qu'était Langsade, pouvait engendrer le déclic nécessaire pour arrêter le carnage. Langsade, enfin éveillé à la réalité, fut sans pitié avec lui-même et il dynamita la baraque. En 4 mois, et tout fut réglé. Ne subsistèrent que les dettes.

Nous étions à l'orée des années 90 et l'empire du fougueux PDG menaçait de s'écrouler.

Chapitre 15

Le mur de Berlin tomba en décembre 1989 et l'Union Soviétique avec lui. Les stratèges américains et européens, dont Bonnier, n'avaient, pour la majorité d'entre eux, pas compris à quel point l'empire rouge était à bout de souffle et la rapidité avec laquelle Gorbatchev agit pour le transformer. Un empire si puissant, si menaçant s'écroula en 5 années à peine, après avoir tenu l'Ouest en respect pendant 70 ans et contrôlé, au fait de sa gloire, presque la moitié de la planète.

Pour l'industrie de l'armement occidentale, uniquement concentrée sur la menace communiste pendant des décennies, la détente fut un tremblement de terre. Les contrats fondirent comme neige au soleil au même rythme que les budgets consacrés à la défense, particulièrement en Europe, et une restructuration du secteur devint inévitable.

En France, parmi une vingtaine d'industriels, trois s'imposaient par la taille des entreprises qu'ils dirigeaient et leurs relais puissants au sein du pouvoir : Jean Luc Langsade, Marcel Vaisseau et Pierre Dominguez, patron du puissant groupe public « ED » acronyme d'« Electronique et Défense », grand pourvoyeur de radars et de systèmes d'armes.

Pierre Dominguez était le plus jeune. Fils d'un républicain espagnol, socialiste de conviction, officier parachutiste, la cinquantaine fringante, séducteur, offensif, il avait dû sa carrière à son parcours à l'Ecole Nationale d'Administration dont il sortit inspecteur des finances et à sa proximité avec un socialiste bon teint et patriote comme lui : Jean Pierre Avènement. Homme politique influent, Avènement, plusieurs fois ministre, pesait en Socialie, un « éléphant », comme on désignait alors de ses hiérarques. Il imposa son protégé à la tête d'ED.

Dominguez fit merveille. Son entregent, son charme, l'abus qu'il faisait de la corruption projetèrent son groupe au sommet et peu de contrats internationaux de vente d'armement français ne pouvaient être négociés sans qu'il reçut sa part, souvent la plus importante.

Ses méthodes de hussard n'allaient pas parfois sans heurter Langsade et Vaisseau, plus diplomates, plus fins, qui établissaient des relations longuement tissées avec des interlocuteurs puissants et redevables. L'utilisation de leurs empires médiatiques respectifs, Vaisseau avait racheté un grand quotidien conservateur et plusieurs magazines, avaient de ce point de vue une grande utilité.

Dominguez goutait peu le « soft power » de ses concurrents et préférait serrer la main d'un homme politique avec un chèque enfoui dans sa paume.

Pour le fringant PDG, son heure était venue, Langsade à cours de trésorerie, Vaisseau en retrait et discret comme toujours, il allait pouvoir s'imposer dans la restructuration à venir. Exit Langsade, les conglomérats multiformes ne valaient pas tripette selon lui, place aux « pure players » comme disent les anglo-saxons avec leur sens synthétique de la formule.

Jean Louis Bonnier, en ces temps troubles, trouvait difficilement le sommeil comme son patron, déprimé, même si il ne le montrait pas. Ils réorganisèrent ensemble le groupe, réduisirent la voilure, préservèrent cashflow au mieux, mais durent se rendre à l'évidence : la faillite menaçait à moyen terme et visiblement les banques avaient reçu des instructions pour ne pas leur faciliter la tâche. Langsade connaissait le nom de son bourreau, l'officier d'opérette, le fayot de la Mitterrandie.

Bonnier a une compétence, il en a beaucoup, mais une compétence pour laquelle il fut recruté : sa connaissance fine des transformations géopolitiques mondiales. Même s'il n'avait pas analysé avec la célérité nécessaire l'effondrement russe, il était un point sur lequel il ne s'était pas trompé : l'essor de la Chine et ses conséquences régionales. Par ses réseaux, notamment au sein des services secrets et par de multiples correspondants issus de tous milieux - il avait toujours été éclectique de ce point de vue - il avait noté les intentions de l'île rebelle de Taiwan, si prospère et seconde réserve de devises au monde à l'époque derrière l'Arabie Saoudite, de farouchement préserver son indépendance face au géant chinois désormais en plein éveil et menaçant. Prévoyant, via l'ambassade et par l'intermédiaire d'un bureau de représentation, il avait convaincu Langsade de mener sur place un lobbying discret. Il n'était pas le seul, les hommes de Vaisseau et de Dominguez prenaient régulièrement l'avion pour Taipei.

Quasi colonie américaine, les autorités taiwanaises décidèrent de se surarmer et de prospecter auprès de multiples fournisseurs. Quand les autorités françaises eurent vent de l'intention de Taïwan d'acquérir des frégates de combat sud-coréennes pour protéger l'île d'une invasion maritime, elles comprirent que le richissime petit pays n'était plus la chasse gardée exclusive des Etats-Unis et il devint prioritaire de s'imposer sur ce nouveau et lucratif marché. Les taïwanais avaient tant à dépenser que donner sa part à l'Europe leur semblait une politique de bon sens qui ne pouvait heurter l'Amérique toujours gavée de leurs dollars. Politique qui fut encouragée discrètement par les hommes de Langsade, de Vaisseau et de Dominguez.

Et un incroyable miracle survint : en 1990, Taïwan annonça son intention d'acquérir des frégates furtives de type « Richelieu » et quasi simultanément des avions de chasse français.

Et il ne s'agissait pas d'un pourboire laissé par les taiwanais aux français mais le remplacement d'une majeure partie des escadrilles de chasse de l'île par 60 appareils. Les hommes de Vaisseaux furent en première ligne pendant deux années accompagnés de ceux de la « Société Nationale Française de Construction de Moteurs d'Avion » (SNFCMA). Ils parlementèrent des nuits durant, à longueur de déjeuners et diners arrosés et interminables, alternant l'étude technique, les moments de convivialité et la discrète négociation des « à-côtés » financiers. Ils furent rejoints par ceux de Langsade et Dominguez en cours du processus. En effet, dans ce genre de contrat, un paquet global technologique est normalement négocié qui inclut les produits et le savoir-faire de plusieurs industriels nationaux. En l'espèce : l'avion lui-même, c'est-à-dire le fuselage et son avionique, sa motorisation, ses radars et senseurs, et enfin son armement.

Fin Novembre 1992, à Taipei, au petit matin d'une douce journée hivernale, à l'issue d'une ultime beuverie dans le quartier de Zhongshan avec quelques « accompagnatrices », il fut décidé entre camarades que l'enveloppe totale du paquet se chiffrerait à 30 milliards de francs. Evidemment ce chiffre ne sortit pas d'un verre de whisky, il fut âprement discuté entre les équipes de vendeurs et le ministère de la défense taiwanais : 40 milliards face à 25, puis 38 face à 28, 35 face à 29, et ainsi de suite, pour terminer l'affaire dans la bonne humeur, torché dans un bouge, avec des putes sur les genoux.

Chapitre 16

- 1.5 milliards ?
- Oui monsieur
- Verdier, vous êtes en train de me dire que notre budget se monte à 1.5 milliards sur une enveloppe de 30 milliards ?
- Oui monsieur, dit Verdier enthousiaste. Ramener 1.5 milliards dans les poches du patron, il estime qu'il peut être satisfait de sa performance.

Verdier était à Taïwan comme émissaire pour boucler la phase finale du contrat : sa répartition entre les différents industriels. Evidemment, Langsade avait déjà eu vent de sa quote-part et avait protesté auprès de ses partenaires. En vain. Il avait encore un vague espoir que Verdier finirait par obtenir, fort de son habileté, une meilleure attribution. Effectivement, il récoltait un peu plus mais pas assez.

- Quel con ! Chuchote Donnadieu, debout derrière Langsade avec Bonnier alors qu'ils écoutent la conversation sur hauts parleurs.

- Rentrez à Paris Verdier ! Raccroche Langsade d'un ton irrité.

Les trois hommes se regardent le visage sombre. Le « petit parachutiste » est à la manœuvre, comme d'habitude, voilà ce qu'ils pensent tous.

- 1.5 sur 30, on s'est fait baisé ! Assène finalement Donnadieu. Quel con ce Verdier ! Je vous l'avais dit. Intelligent mais trop jeune. Pourquoi ne pas m'avoir envoyé moi pour négocier la phase finale du contrat ? Martèle-t-il bruyamment frappant sa poitrine.
- Donnadieu, fait Langsade, nous apprécions tous votre savoir-faire. Verdier est un bon technicien, sympathique de surcroît mais…
- Mais il a merdé ! Tonne Bonnier pourtant peu habitué aux grossièretés.

Langsade avait misé sur le charme de Verdier plus subtil que son chien truffier Donnadieu pour boucler le contrat en finesse et rafler un chiffre d'affaire minimal. Verdier, bon soldat, avait manqué d'appétit. Il n'avait pas compris les enjeux en cours, mais, à sa décharge, il n'avait pas reçu d'instructions suffisamment offensives. Il faut avouer que la gravité de la situation lui avait été dissimulée comme à la majeure partie du personnel de SMD pour éviter une hémorragie des cadres.

Bonnier, tout comme Langsade, fit les comptes, et devina les intentions de Dominguez. Avec ce pourboire, et face à l'échéancier impitoyable de remboursement des dettes imposé à SMD, la trésorerie de l'entreprise serait vite épongée, et ED cueillerait le fruit bien mûr. Si Vaisseau et ses compétences uniques pouvaient rester indépendant, la fusion entre ED et SMD ne saurait être différée longtemps, l'activité des deux groupes étant complémentaire, voire parfois identique. Les substantielles économies d'échelle générées et la part de marché mondiale acquise par cette fusion la rendait inéluctable. Mais qui devait être le mangeur ? Les fusions « entre égaux » n'existent pas ; un terme pour leurrer les journalistes, leurs lecteurs et les actionnaires naïfs. A l'issu de ce coup de téléphone, le scénario semblait limpide. « Langsade peut bien aller s'occuper de ses bourrins en Normandie ! Une carrière d'éleveur l'attend !» s'était récemment moqué Dominguez en public lors d'une réception au ministère de la défense. Comme tous les marchands d'armes de l'hexagone, il savait la passion que son rival nourrissait pour les chevaux.

- Donnadieu, que proposez-vous ? Demanda Langsade abattu à son vendeur d'élite.
- Faites-moi confiance monsieur, de toute façon nous n'avons plus rien à perdre.
- Nous avons préparé une contre-offensive précisa Bonnier, celle dont je vous ai touché quelques mots. Nous n'avons guère le choix.
- Foncez Donnadieu, foncez ! Et revenez nous avec de bonnes nouvelles ! Ordonna le patron.

C'est ainsi que vingt-quatre heures plus tard, Henri Donnadieu débarqua à l'aéroport Taoyuan par une après-midi pluvieuse sur la côte nord de Taïwan.

Henri Donnadieu n'était pas n'importe quel vendeur. Il cumulait de grandes qualités et quelques défauts. Pour les qualités, on pouvait volontiers le qualifier de cupide, agressif, bonimenteur, jouisseur, chaleureux et amateur de coups bas. Il présentait comme défaut principal un certain manque de discrétion et la faculté de se créer des ennemis et donc des ennemis à SMD.

Grand, large, fort - il était un ancien haltérophile amateur - le cheveu blond fourni et long, le menton large, l'œil bleu, la démarche assurée et chaloupée, il ne laissait pas indifférent et certainement pas les femmes. Un mâle dans toute sa splendeur. Il rappelait par certains aspects de sa morphologie et de sa gestuelle, mais en plus lourd, l'acteur Gérard Depardieu.

Sanglé dans un costume clair, parfaitement coupé, que perçait une cravate Hermès verte aux petits motifs animaliers, il débarqua mal rasé et encore fripé de son voyage, dans le bureau de son cher ami Lee Kwan Chan au ministère de la défense.

- « Hey mon ami Donnadieu ! » fait Chan en français, sourire aux lèvres.
- Alors « on me baise ? » entame Donnadieu en français d'une voix tonnante, puis ajoute « You fucked me? How can you fuck me? Do you think you can fuck me?"
- Que veux-tu dire ? Poursuit Chan mi sérieux, mi rigolard en anglais.
- Tu me donnes 1.5 milliard à moi ? Tu penses que je suis une pute bon marché, moi ? Tu donnes tout aux autres pédés et à bibi que dalle ? Déclame-t-il d'un ton théâtral parcourant le bureau de Lee d'un pas élastique et nerveux.
- Ah, ah, ah ! Toujours aussi drôle Donnadieu, ah, ah, ah ! Et Verdier, où est Verdier ?
- Fini Verdier ! Exit Verdier ! Incompétent Verdier ! Qui appelle-t-on dans les situations sensibles ? Qui appelle-t-on pour réclamer justice ? Hein ? Hein, mon Chan ! Qui appelle-t-on ?

- Jeanne d'Arc ! Ah, ah, ah On appelle Jeanne d'Arc ! Où est ton armure Henri ? Ah, ah, ah, ne cesse-t-il de rire.
- Viens, on va boire un coup !
- Mais il est à peine 15h30 !
- Ne fais ton fonctionnaire mon Chan, viens que j'te dis ! Tu m'as manqué mon soldat !

Ainsi les deux compères entamèrent leur première bière vers 16h30, le temps de garer la voiture de Lee et d'entrer dans un pub du quartier de Ximending.

Lee Kwan Chan était petit, sportif - ceinture noire de karaté -, nerveux au regard vif. La cinquantaine glissait sur lui et il semblait maintenir sans effort une jeunesse éternelle. Séduisant, intelligent, jovial, il déployait son entregent dans les hautes sphères politiques taiwanaises et américaines depuis deux décennies. Il avait été tout de suite conquis par le géant blond Donnadieu qu'il connaissait depuis bientôt deux ans.

Il était surtout un éminent fonctionnaire du ministère de la défense. Un fervent nationaliste dont le père servit Tchang-Kai-chek. Anti-communiste viscéral, patriote, il souhaitait la réunification de la Chine comme ses ennemis maoïstes, mais, contrairement à eux, il pensait que c'était à Taiwan d'absorber la Chine continentale et non l'inverse. Il demeurait lucide devant les menaces objectives d'un régime fondamentalement inchangé depuis la disparition du « grand timonier » mais sur le chemin de la puissance réelle grâce au génie constructeur de Deng Xiaoping. Il avait une dent contre son allié américain qui par cupidité et idéologie progressiste absurde, selon laquelle le capitalisme charrie dans ses bagages la démocratie, avait permis à son ennemi mortel de se développer et de se renforcer. Il s'en était ouvert dans les cénacles du pouvoir et l'idée que les formidables réserves du pays à investir de toute urgence dans des systèmes d'armes efficaces, échouassent aussi dans les poches d'amis européens, dont ces chers français, - il aimait tant le France et « l'esprit français » -, avait fait son chemin comme une évidence.

Evidemment il avait fallu payer Zhang Ming, intermédiaire désigné, et Dominguez, prodigue, avait versé son écot pour récupérer la somme pharamineuse de 9 milliard de francs pour installer de simples radars.

Mais Donnadieu venait avec des atouts dans son jeu et les exposa brutalement, conformément à son style, à peine la seconde bière commandée tant que Chan tenait encore debout.

- Chan, laisse-moi te parler franchement, vous vous êtes fait baisés par ces escrocs d'ED. On les connait bien, ils font chaque fois le coup.
- Que veux-tu dire ? Répondit Chan interloqué

Alors Donnadieu se saisit de documents estampillés ED fournis par Bonnier dans sa serviette. Il avait fait embaucher des hommes à lui chez son concurrent, quelques cerfs-volants qu'il rétribuait secrètement. Une pratique classique employée par la DST que lui avait enseignée Boursoufflet et qui l'avait aidé à la mettre en œuvre.

- Regarde, c'est un contrat similaire au votre pour des radars vendus aux Emirats Arabes Unis.

Lee Kwan Chan chaussa ses lunettes et examina un contrat de vente de radars d'avions d'un modèle similaire à celui qu'il s'apprêtait à acquérir. Le prix affiché était 5 fois moindre que celui que son gouvernement s'était engagé à payer. Le contrat global était signé, 30 milliards, mais pas toutes ses annexes sur la répartition des sommes entre les différents industriels, seule une lettre de cadrage avait actée ce partage. Une lettre de cadrage, un document si fragile.

Lee Kwan Chan sidéré par la lecture du document laissa échapper un léger rictus désapprobateur, puis son visage acéré aux contours précis se figea sans laisser transparaitre le moindre sentiment. Mais Donnadieu comprit qu'il avait marqué un point.

- Es-tu certain de tes chiffres ? Finit-il par s'enquérir.
- Certain, tu peux regarder le montant du contrat publié dans la presse et faire recoupements et calculs. Tu vas vite t'apercevoir que cela ne colle pas. Vous vous êtes fait baiser. Vous pouvez, pour le même prix, acheter 5 fois plus de missiles. Vous avez besoin de 5 fois plus de missiles mais pas de 5 radars dans vos avions ! C'est tout simple ! Limpide ma petite caille ! Transparent, mon soldat ! Oui transparent comme une eau pure issue de la roche montagneuse ! La pureté mon aigle ! J'apporte la pureté, j'éclaircis les ténèbres pour que brille le soleil sur les relations franco-taiwanaise!
- Je vois, je vois, rit Chan. Tu es le « Messie » comme vous dites chez les chrétiens ! Puis, très sérieusement et d'un ton dur, il ajouta « Toutes les décisions peuvent être modifiées naturellement mais cela a un coût. Zhang Ming devra être mis à contribution ».
- Nous paierons, nous paierons ! Ah, ah ! Pingre Donnadieu ? Pingre ? Manquerait plus que ça !
- Fort bien. Je peux t'assurer que je vais examiner le contrat en détail.
- C'est bien mon Chan, c'est bien… Qu'est-ce qu'on fait ? Hein ? Qu'est-ce qu'on fait ? On boit et on va aux filles ? On passe la nuit ensemble ? Hein ! Mon Chan ! On ne se voit pas tous les jours !

- Laisse-moi appeler ma femme. « Négociations tardives au bureau ! » Ah, ah, ah ! Dit-il encore.

Trois semaines plus tard, après une soirée homérique au bordel et un virement de trois millions de Dollars sur un compte offshore, la répartition de la somme négociée pour les avions de chasse vendus par la France à Taiwan changea brutalement sans que ni Vaisseau, ni Dominguez ne puissent protester. Il fut définitivement alloué, sur les 30 milliards du contrat, 11 milliards de commande à SMD ! Et depuis ce jour funeste, Dominguez et Vaisseau, ulcérés, vouèrent une haine inexpiable à Langsade et ses méthodes de pirate. Un prix devait être payé pour pareille forfaiture.

Cerise sur le gâteau, sur les 11 milliards du contrat, 3 furent réglés cash lors de la signature, bonus offert par Donnadieu à son patron. Une manne providentielle qui permit d'assainir immédiatement la situation financière du groupe Langsade.

- Donnadieu, vous êtes mon meilleur pur-sang et dieu sait si je possède des chevaux ! Félicita l'heureux PDG son vendeur avant de l'embrasser.
- Pour vous servir Monsieur, le drapeau et les missiles me font autant bander que les cochonnes de Taipei ! Répondit le guerrier blond.

Infusé de cash, Langsade fusionna immédiatement toute ses activités dans la presse, l'édition et l'armement au sein d'une société en commandite, forme juridique désuète en France mais qui le rendait inexpugnable de la direction de son groupe. Si les associés commandités sont tenus indéfiniment et solidairement responsables des dettes de la société sur leur patrimoine personnel, leurs titres ne sont pas librement cessibles et, selon les statuts adoptés, le remplacement du gérant ne peut s'effectuer sans leur accord. Dans le cas du « Groupe Langsade », nouveau nom de l'empire, le gérant, l'associé commandité Jean Luc Langsade, ne pouvait être révoqué qu'à l'unanimité du vote des actionnaires et aucun titre ne pouvait être cédé sans cette même unanimité. Un dispositif qui ouvrait la voie à une potentielle augmentation de capital en bourse sans qu'une OPA hostile permette aux assaillants de se saisir du commandement. En l'espace de quelques mois, Langsade plus puissant que jamais devint le patron d'un monstre de 60 milliards de Francs de chiffre d'affaire et de 60 000 salariés.

Chapitre 17

- Des voyous ! Vous m'entendez ? Des voyous !
- Oui monsieur le président, je comprends votre colère.
- Des voyous ! Des flibustiers ! Hurle Dominguez, hors de lui.

Le parachutiste tourne en rond dans son bureau d'un pas brutal au dernier étage d'une tour en verre du quartier de la Défense sans égard pour l'élégant tapis persan qui vient égayer d'un touche colorée son bureau terne meublé de verre, de métal et de cuir noir.

Le retournement de la situation taiwanaise et la création du groupe Langsade, un nouveau géant français dont les journaux faisaient gorges chaudes le mettent hors de lui. Alors qu'il pensait, il y a six mois encore, à portée de main le dépeçage de son ennemi (Il n'était plus un concurrent, ni même un adversaire mais un ennemi depuis son exécrable stratagème pour modifier un contrat gagné par lui. Un ennemi personnel ! Un ennemi de la France, en conséquence ! Langsade ? « Un aventurier abject, un voyou ! »), il fait maintenant face à une entreprise puissante et hostile d'une taille désormais supérieure à la sienne et au service des ambitions démesurées de son fondateur.

- Et les Vaisseau, que vous ont-ils dit les Vaisseau ?
- Le patriarche, comme son fils, est furieux. J'ai eu le fils ce matin au téléphone. Il ne décolère pas, vous connaissez son caractère abrupt, répond son adjoint, Ernest Blomet.
- Blomet !
- Oui monsieur ?
- Langsade ça suffit ! Vous m'entendez ? Nous allons nous débarrasser du problème, d'une façon ou d'une autre. Il doit payer. Vous avez une idée Blomet ?
- J'ai une idée monsieur.

Trois semaines plus tard, Henri Thompson, avocat franco-américain, déposait plainte devant un tribunal correctionnel et la « Commission des Opérations en Bourse » au nom de dix petits actionnaires s'estimant lésés. En effet, secret défense oblige, le fabuleux contrat taiwanais n'avait pas été enregistré dans les comptes de SMD, lorsque l'opération de fusion avec « Editions Premier » avait été annoncée. La parité entre les actions SMD et Editions Premier avait donc été mécaniquement calculée au détriment des actionnaires minoritaires de l'entreprise d'armement.

Parallèlement, un peu partout dans le monde, une campagne de presse dénigrait le Groupe Langsade, sous entendant l'emploi de méthodes peu orthodoxes et contraires à l'éthique des affaires. Des lettres anonymes, citant les noms de Zhang Ming et Lee Kwan Chan et leur rôle dans l'obtention du contrat taïwanais arrivèrent dans plusieurs rédactions. Certains journaux publièrent de premiers articles sur les sulfureux dessous de table versés.

Langsade et son état-major, euphoriques, ne prêtèrent guerre attention aux scories qui accompagnent toute grande opération. Il existe toujours quelques grincheux pour contester ceci ou cela, et des journalistes en quête d'une « bonne histoire ». A l'époque les pots-de-vin versés à l'étranger n'étaient pas illégaux et il fallait bien trouver quelque chose à écrire pour gagner sa croute.

Bonnier, lui, demeura suspicieux. C'était sa nature : toujours à fouiner pour dénicher un complot, une force obscure malfaisante et tapie dans l'ombre prête à nuire. On ne pouvait lui donner complétement tort ; dans le complexe militaro-industriel, rien n'est jamais tout à fait honnête ; un monde exposé aux combines et aux chausse-trappes. « Bonnier, vous devriez vous détendre ! Votre paranoïa finira par vous perdre, vous verrez ! » Le moquait Langsade avec bienveillance. Peu importe l'humeur générale, Bonnier ne pouvait s'empêcher de trouver étrange la concomitance des attaques récemment lancées contre le groupe.

Les articles hostiles continuaient d'inonder les journaux français et étrangers, avec pour appui les récentes procédures judiciaires en cours, de telle sorte que le nom « Langsade » fut rapidement perçu comme celui d'une entreprise peu scrupuleuse aux activités troubles. Les chaines de télévision d'information continue américaines, comme la presse anglo-saxonne financière la plus prestigieuse, se faisaient aussi l'écho des pseudos turpitudes d'un groupe français énigmatique et vénéneux qui érodait les intérêts US usant de méthodes contestables.

Ces attaques vicieuses insupportaient Bonnier. Bientôt, la volonté de découvrir à qui appartenait la main obscure qui nuisait au groupe l'obséda. Il décida dans le dos de son patron d'enquêter, il voulait avoir le fin mot de cette histoire même s'il demeurait le seul à croire au danger. Il mobilisa tous ses réseaux et ils étaient vastes : il débarquait chez des journalistes spécialisés à la tombée de la nuit, inspectait frénétiquement leur domicile à la recherche de micros, désossait leurs téléphones avant de les interroger et de les pousser à mener des recherches, il rencontrait des agents secrets français et ses taupes chez ses adversaires, il scrutait la presse spécialisée française et étrangère et il mobilisait les services de sociétés d'intelligence économiques, officines peuplées d'espions reconvertis. Il dirigeait alors principalement ses soupçons vers les Etats-Unis. Après tout, ce roquet d'avocat était franco-américain et qui d'autre que les américains avaient été le plus lésés dans les succès récents de la France ? Clinton n'avait-il pas fait campagne sur le thème de la « défense des intérêts de l'Amérique et l'humiliation constante de son pays face aux pratiques commerciales inéquitables des européens » ?

Blomet, en secret, se délectait de l'obsession de Bonnier dont il eut vent rapidement et se félicita du choix de l'avocat pour mener la première offensive. Alors que dans les allées du pouvoir, en raison de l'agitation de Bonnier, on commençait à s'émouvoir d'une possible tentative de déstabilisation, Blomet avait suggéré à Dominguez d'alimenter l'incendie en rendant compte de ses suspicions concernant une ingérence nuisible venue d'outre atlantique sur le territoire national. Ainsi Langsade fut-il convoqué par le premier ministre de l'époque, un grand bourgeois mou et naïf qui le somma de rester sur ses gardes face à une probable machination hostile opérée par les USA. Bonnier fut conforté dans ses doutes, s'il en était encore besoin.

Néanmoins, après réflexion, le premier ministre demanda une enquête à la Direction de la Surveillance du Territoire sur l'avocat Thompson apparu un peu trop opportunément comme trouble-fête dans la belle séquence que traversait l'industrie militaire française. Il se convainquit que l'état se devait de collecter par lui-même les éléments d'information qui touchait les intérêts supérieurs de la nation. Le problème de Dominguez, et de ses collaborateurs qu'il choisissait à son image, était un certain manque de finesse. Il existait toujours des effets secondaires délétères et imprévus dans les stratégies offensives et Langsade, quand les coups tordus s'imposaient, les menaient loin de la France. Blomet n'avait pas imaginé que cet ectoplasme de premier ministre pleutre et velléitaire eut l'esprit d'indépendance de commander une enquête.

Raymond Bonnart, le directeur de la DST, employa les grands moyens : écoutes illégales, cambriolages discrets, etc. Il ne fut pas long à découvrir de quoi il retournait : une guerre farouche livrée par ED au groupe Langsade. La France s'autodétruisait, voilà qui était bien fâcheux et bien idiot.

Blomet qui avait ses relais, comprit immédiatement qu'il se faisait doubler par Bonnart, son ancien patron et dut prendre énergiquement les devants. Il s'efforça de renvoyer Thompson aux Etats-Unis de toute urgence qui fit accroire, sur son instruction et à grands cris, des menaces sur sa vie, une manière de laisser une pierre supplémentaire dans le jardin de Langsade. Mais la DST n'en avait pas fini avec Thompson et refusa de le laisser s'échapper. Alors, un contrat, bidon ou non, difficile de le vérifier, sur l'avocat confié à une triade chinoise vint aux oreilles de Bonnier qui, de peur que le groupe Langsade fut accusé de pareils agissements fit aussi pression pour l'éviction du territoire de l'avocat marron auprès du contre-espionnage au nom de la préservation des intérêts nationaux. Pour étouffer cette affaire nuisible et absurde, la France le laissa regagner son pays. Blomet ne demandait pas mieux.

Las, Bonnier ne fut pas long à apprendre la provenance de l'opération de déstabilisation lancée contre le groupe et il constitua un dossier qu'il présenta à son patron. Celui-ci, outré, porta plainte contre Dominguez en personne et son entreprise. Une transgression qui fit du bruit dans le « Landerneau » industriel et heurta profondément le PDG d'ED.

Chapitre 18

A cette époque, une autre bataille publique et plus âpre encore était en cours. Celle de l'élection présidentielle de 1995. Le premier ministre de l'époque, Edouard Boulamole, homme pondéré, chouchou de la bourgeoisie, devait sa place à la déroute infligée par Jacques Chirac à son meilleur ennemi, François Mitterrand, lors des élections législatives de 1993. Chirac, pour ne pas s'user inutilement au poste exposé de premier ministre, deux ans avant l'élection présidentielle, et échaudé par la première cohabitation et sa défaite dans sa tentative de s'emparer de l'Elysée en 1988, avait décidé d'envoyer au pouvoir un de ses fidèles lieutenants, un homme terne mais compétent. Evidemment, sitôt parachuté par son mentor, encouragé par des sondages mirifiques, le fidèle devint félon. Emportant derrière lui une nuée de traitres, dont son ministre du budget, Nicolas Kovacs, un fils d'immigré hongrois nerveux et sautillant, il décida de se présenter à l'élection suprême contre son patron.

Chirac donné perdant, sauf par les vieux routiers du barnum, qui savaient la machine à vaincre qu'était leur chef, infligea, à l'issue d'une campagne électorale brutale, une fameuse branlée au renégat et sitôt au pouvoir ordonna l'opération « vengeance et purification ». Tous les sbires du premier ministre devaient être pourchassés, placardisés, ostracisés, détruits. Par ordre du nouveau président, les écuries devaient être récurées entièrement et dans leur moindres recoins, pas un morceau de merde qui ne devait être nettoyé.

Dominguez, toujours dominé par sa soif d'action, avait cru bon, contrairement à Langsade toujours plus prudent et Vaisseau qui arrosait tout le monde, de choisir les vainqueurs, en l'occurrence les perdants : le candidat socialiste et le grand bourgeois conservateur, et de les financer sans vergogne.

Quand il se présenta benoîtement face au nouveau premier ministre, un autre bourgeois centriste bon teint et fort en thème, espérant, naïvement, être renouvelé à la tête d'ED qu'il avait propulsé au firmament pour la gloire des armes de la France, il se fit fraichement recevoir et congédier en quinze minutes.

Dépité, furieux, hagard et avant de s'enfoncer dans un silence tombal, devant son fidèle Blomet tout aussi abasourdi que lui, il résuma son infortune d'une ultime confidence : « J'ai beurré les deux tartines mais j'ai oublié le jambon. »

Exit Dominguez. Langsade triomphait et Vaisseau survivait, comme à son habitude.

Dans la foulée fut annoncée la privatisation d'ED au profit du groupe Langsade pour 1 franc symbolique. ED aussi, avait accumulé de lourdes dettes par la gestion audacieuse de Dominguez, plus de 20 milliards de Francs dont ne voulait pas le nouveau propriétaire. Aussi, obtint-il du premier ministre d'alors si bien disposé à son égard, la recapitalisation de sa proie pour 11 milliards de francs et la promesse de la consolidation du secteur tant attendue à son profit.

Le pouvoir, il faut le souligner, de gauche comme de droite, n'avait que trop tardé à la mise en oeuvre de ces grandes manœuvres. Les américains, au milieu des années 90, avaient déjà fortifié leur secteur au profit de deux géants, Lockheed Martin et Boeing, les deux premières compagnies mondiales d'armement. Finalement chacun convint que Dominguez, par ses intrigues incessantes, avait été un frein à la gloire de l'industrie française et européenne alors que Langsade était plébiscité par tous.

Appuyé par les français comme par les allemands, par la droite comme par la gauche, tous voyaient tous en lui un visionnaire. Aidé d'un pool bancaire fort bien disposé cette fois-ci et d'un groupe d'investisseurs de premier plan, Langsade mis enfin la main sur le joyau industriel français « Industrie & Espace SA » que personne n'envisageait privatisable. Tombèrent dans son escarcelle ses avions civils « AirInternational », ses fusées « Athéna », ses missiles « Excalibur » et « Ronceveau » et ses hélicoptères « Panthère, Antilope et Marsouin ». Il intégra aussi le géant Allemand ASA et ses avions militaires « Schmidt », et EuroCombat », ses moteurs « Aimler », et son électronique de défense « Funken1 ». Il absorba enfin dans le même deal l'espagnol « Adela » et ses avions de transports militaires.

L'ensemble pris le nom de « Electronique, Défense, Aéronautique », « EDA » et fut intégré au « Groupe Langsade » sous la tutelle de sa forteresse en commandite par actions. Langsade ne pouvait prétendre, et de loin, devenir l'actionnaire majoritaire du mécano géant, dont les états allemands, français et espagnols détiendraient une partie significative du capital, mais s'en assurait le contrôle de façon solide. Ainsi naquit le troisième groupe mondial des activités aéronautiques civiles et militaires et de l'espace, un mastodonte de 300 milliards de francs de chiffre d'affaires et de plus de 100 000 employés. Langsade, conquérant fougueux, entrepreneur de génie, petit ingénieur sans le sou, parti de rien, fut sacré empereur à 75 ans sous les yeux éperdus d'admiration des « Langsade Boys » !

Jean Louis Bonnier se retrouva catapulté numéro 3 du nouveau groupe et affublé du sobre titre mais significatif d'« Executive Director ». En charge de la stratégie et de la sécurité, il fit la connaissance de son alter ego au sein de l'immense entreprise publique absorbée, « Industrie et Espace SA », d'un jeune polytechnicien comme lui, major de sa promotion, esprit brillant et acéré : Antoine Leroux. Instinctif, tutélaire, paternel, Bonnier l'adouba et lui confia le poste envié et stratégique de patron du département des fusions acquisitions du nouveau conglomérat.

Après 6 années d'une instruction lente, comme la plupart des instructions françaises, la juge en charge de la plainte de Langsade contre le mouton noir Dominguez convoqua le pétulant PDG et le désormais taciturne parachutiste dans son bureau pour une confrontation, la seule jamais organisée, avant de rendre ses conclusions. Les deux hommes ne s'étaient plus croisés depuis que Langsade avait brisé Dominguez. L'entretien se déroula de manière policée. Dominguez qui n'était plus rien, face à Langsade qui était tout, maintint ses positions avec dignité et le grand patron maintint les siennes sans volonté d'accabler son rival. La juge interloquée par une telle courtoisie alors que la confrontation fut si dure s'étonna d'un tel climat.

A la sortie du bureau du magistrat, les quatre hommes silencieux, Langsade était venu accompagné de Bonnier et Dominguez de Blomet, prirent ensemble l'ascenseur. Alors que celui-ci se mit en mouvement d'un bruit léger, Langsade enserra la nuque de Dominguez, de manière presque paternelle, le fixa de ses yeux bruns vifs sous ses épais sourcils et demanda ému : « Enfin Pierre, dis-moi, pourquoi as-tu fait tout cela ? » Gêné et confus Dominguez répondit « C'est beaucoup trop compliqué, Jean Luc, trop compliqué, une autre fois peut-être, oui, peut-être une autre fois » et il s'enfuit silencieux pour ne plus jamais reparaitre.

Sportif, handicapé depuis un certain temps par une usure prématurée de la hanche, fort fâché de ne plus pouvoir skier lâché depuis un hélicoptère au milieu des Alpes ou de courir furieusement derrière une balle de tennis, Langsade décida, trois mois après la fusion et quelques semaines après avoir revu son meilleur ennemi, même si cette chirurgie pouvait attendre, de se faire poser une prothèse. Langsade ou la volonté de l'éternelle jeunesse.

Huit jours après son opération, alors qu'il dinait avec des amis, il fut pris de violents maux de tête, d'une fatigue intense et préféra écourter la soirée. Il s'alita et sa femme le retrouva le lendemain matin sur le sol de sa chambre à coucher dans le coma. Transporté en réanimation à l'hôpital Lariboisière, il décéda au bout de trois jours, le 14 mars 2003, d'une encéphalomyélite auto-immune aiguë, ou pour être plus clair, son cerveau se liquéfia.

Les analyses menées conclurent à une infection nosocomiale contractée à la clinique du sport lors de la pause de sa prothèse.

Bonnier, après tant d'années à chevaucher, à conquérir citadelles après citadelles au côté de son suzerain tant aimé, fut totalement dévasté. Il perdait son père spirituel, l'homme le plus important rencontré au cours de son parcours terrestre. Il entra dans un état de sidération, incapable de conceptualiser la séquence tragique qui avait ponctué quinze années de complicité. Son esprit vacilla dans un tremblement tellurique qui abimât sa raison. Il perdit toute distance qu'il avait des choses.

Paranoïaque, par expérience et par devoir professionnel, habitué à réfléchir seul et contre tous si nécessaire, Bonnier, très vite, eut du mal à accepter qu'une opération chirurgicale si banale puisse trouver une conclusion si tragique et par le biais d'une maladie rare dont l'incidence est de 0,8 cas pour 100 000 personnes annuellement, touchant préférentiellement l'enfant et l'adolescent.

Appuyé par ses puissants services d'intelligence économique, il découvrit rapidement que certaines formes du virus de l'encéphalite faisaient partie des arsenaux d'armes biologiques de l'ex URSS - dont quelques souches étaient très similaires de celle qui emporta son patron - avant qu'officiellement ceux-ci ne fussent démantelés.

Bientôt la cause de la mort de Jean Luc Langsade l'obséda, et il ne cessa de s'en ouvrir autour de lui, cherchant dans le regard de l'autre, comme une évidence, une approbation de ses soupçons. Il parla à des journalistes d'enquête, à ses proches collaborateurs et bientôt, alors qu'il ne l'avait pas beaucoup vu depuis son recrutement par la DGSE, tellement il fut occupé ces derniers mois, à Vincent Leroux.

Chapitre 19

Le 30 Mars 2003[8]

Déroulement chronologique.

16h00 Arrivée de l'officier traitant au bar Sir Winston Churchill, 5 rue de Presbourg à Paris.

16h00 Arrivée de Janus.

16h02 Début des entretiens.

Ambiance légèrement tendue.

Sujet traité : Récupération des documents à Beyrouth.

Janus déclare qu'il a une nouvelle fois échoué à obtenir de sa contrepartie arabe Ahmed Riabii les documents financiers évoqués lors des premiers entretiens. Celle-ci aurait peur et il est maintenant difficile d'entrer en contact avec elle.

Il est désormais impératif de se montrer un peu plus directif avec Vincent Leroux notamment afin d'éviter tout dérapage concernant des documents dont la récupération est une priorité absolue. Une pause s'imposera dès la récupération des documents intervenue afin de réfléchir sérieusement à l'avenir du contact même si ses mois sont comptés. »

---

[8] Reproduction partielle et modifiée d'une note de la DGSE.

Dans les frimas de l'hiver, Vincent Leroux comprit que la relation qu'il avait construite avec la DGSE risquait de tourner court. Il avait lu la raideur de son officier traitant et senti le doute envahir son esprit. Michel était un professionnel sans affect et il était las d'attendre. Les individus sans affect étaient des proies difficiles à avaler pour des hommes comme Leroux. Le doute chez l'autre abattait sa stratégie. Il devait tenir son monde par sa puissance de conviction, il établissait sa crédibilité par le bluff.

Mais Michel le piégeait doucement à son propre jeu, comme une araignée ligote sa proie dans sa toile patiemment tissée et Leroux devrait tôt ou tard apporter un biscuit valable aux services de renseignement français.

Il devait agir. Et agir vite.

C'est rongé d'angoisse, qu'il retrouva le soir même sa maitresse après son entretien désastreux, la seule personne au monde qui l'apaisait vraiment. « Tu vas trouver quelque chose ! » lui susurra Marlène à l'oreille alors qu'il malaxait pour dénouer son stress ses seins lourds et fermes.

Chapitre 20

Début Avril 2003

- Vous voyez comme ce décès est troublant Vincent ?
- Oui absolument, Jean Louis, bien troublant en effet.

Langsade était mort il y a à peine trois semaines et Bonnier totalement abattu et anxieux convoqua Vincent Leroux dans son bureau. C'est la première fois qu'il prenait le temps de lui parler depuis qu'il avait été embauché par EDA. Maintenant agent de la DGSE, adoubé par le ministère de la défense, spécialiste de la Finance, il lui paraissait la personne idoine pour l'aider à confirmer ses doutes. Il avait suivi de loin, par Boursoufflet, son enquête en cours sur des mouvements financiers opaques et sa récupération des fichiers de Clearing SA. Dans son bureau, morose, il lui expliqua en quelques grandes lignes les rivalités âpres qui opposèrent les uns et les autres et les nombreux coups bas qui s'abattaient à intervalles réguliers sur un groupe aussi sensible qu'EDA. Vincent Leroux, par la presse, sa curiosité naturelle et les confidences de son frère, avait suivi les évènements récents et leur genèse avec une grande attention. Le discours de Bonnier ne faisait que combler quelques lacunes mais il fit figure de celui qui était mis dans la confidence. Evidemment la mort du patron avait ébranlé tout le monde, comme un coup de tonnerre funeste, et une ambiance lourde, mortuaire régnait sur le groupe. Il semblait aussi évident que des changements allaient survenir.

- Je pense que vous comprenez Vincent les doutes légitimes que je nourris sur la mort de Jean Luc Langsade ? Mais cela reste entre nous.
- Oui naturellement Jean Louis. Je ne peux que me poser des questions également à l'écoute des informations que vous exposez.

Bonnier ne se rendait visiblement pas compte que son opinion sur la mort de Langsade n'avait plus rien de confidentielle. Ses constantes allusions avaient déjà fait le tour de la place de Paris et chacun restait prudent face à l'hypothèse d'un meurtre.

- Mais ne croyez-vous pas que l'hypothèse nosocomiale puisse tout de même être retenue ? Le testa Leroux, faussement candide.
- Voyons Vincent ! Après ce que je viens de vous dire ? Vous faites preuve d'une naïveté désarmante ! S'irrita presque le cadre supérieur. A propos, vous ai-je dit dans mon exposé que l'encéphalomyélite aiguë est une arme biologique qui fut employée par les soviétiques ? Une arme biologique, l'encéphalomyélite !
- Ah non Jean Louis, je ne le savais pas. Utilisée par les russes dites-vous ?
- Oui les russes ! Ils sont capables de tout, croyez-moi ! D'autre part je détiens un élément essentiel : l'un de nos correspondants usuel à la DST m'a informé d'une menace des russes contre le groupe en décembre dernier. Des mafieux aux ordres des oligarques. Enfin

oligarques et mafieux c'est la même chose en Russie, croyez-moi !

A cet instant, Vincent Leroux, eut la conviction que l'opinion de son chef était solidement ancrée et il interpréta immédiatement son obsession naissante comme une aubaine.

- Voyez-vous, reprit Bonnier, si des forces occultes ont cherché à nous nuire, il est logique qu'elles y aient trouvé un intérêt. Ecoutez Vincent, avec les connaissances qui sont les vôtres, pouvez-vous détecter si des mouvements de titres « Langsade » sont intervenus avant son décès et si c'est le cas, identifier les donneurs d'ordre. Si des groupes puissants ont joué sa mort, il est fort probable qu'ils aient réalisé un profit.

Après un instant de réflexion pour se donner une contenance, sérieux et totalement maitre de lui, Vincent Leroux, pourtant intérieurement fou de joie de se voir confier une telle requête qui arrivait à point nommé, répondit avec sobriété : « Absolument, Jean Louis, je pense être en mesure de vous aider. Je connais par mes anciennes fonctions la majorité des brokers de la place de Paris. Il me suffit de les appeler, de confronter leurs témoignages aux données publiées par la bourse. Je pourrai probablement, pour plus de détails, tracer l'historique des opérations suspectes via les informations que j'ai glanées chez Clearing SA. »

- Le fameux listing du journaliste d'enquête, comment s'appelle-t-il déjà ?
- Maurice Dubois. Nous avons aussi un informateur sur place.
- Ah oui, c'est cela, Maurice Dubois. Vous avez un informateur sur place ? Fit-il impressionné. J'ai eu vent de la récupération du document. C'est « une

chambre de compensation » c'est cela ? Comment cela fonctionne-t-il ?

- Le principe est assez simple. Clearing SA est une chambre de compensation qui sert à la fois de « facteur » qui transporte de l'argent ou des valeurs mobilières quand ils changent de mains et également de « notaire » de ces opérations dont elle conserve soigneusement la trace pour ses clients en cas de contestation. C'est donc un organisme très utile pour pister les mouvements de fonds. Mais selon Maurice Dubois, Clearing SA ouvre des comptes secrets officiellement dit « non publiés » dont la majorité opère depuis des paradis fiscaux. Ces comptes ne sont accessibles qu'à une poignée d'initiés via une procédure confidentielle et ce sont ceux-là qui nous intéressent. En fonction des transactions suspectes détectées sur les marchés, nous pouvons « récupérer » les échanges de capitaux et de titres qui correspondent aux opérations exécutées par les brokers. Je pense que c'est cela qui vous souhaitez Jean-Louis.
- Absolument, Vincent ! Absolument ! Exactement ce dont j'ai besoin. Agissez-vite je vous prie !
- Soyez sans crainte.

Chapitre 21

Début Mai 2003

Après avoir surfé sur le net et compilé des informations sur la mafia russe et ukrainienne, et relevé quelques noms, dont ceux d'Igor Volkov et Alexeï Petrovski qui gravitaient autour du complexe militaro industriel de la Fédération de Russie, Vincent Leroux rédigea une note à l'attention de Jean Louis Bonnier.

« Monsieur,

Il apparait que depuis le début de l'année jusqu'au du décès de Jean Luc Langsade le 14 mars dernier, le volume moyen des transactions sur le titre Langsade était de 400 000 titres par jour. Un volume à la fois régulier, soutenu et inhabituel (moins de 200 000 titres échangés par jour il y a six mois). Depuis sa mort ce volume a doublé s'établissant à 900 000 titres quotidiens.

D'après mes recherches, basée notamment sur le flux de données à ma disposition issu de Clearing SA, à savoir les comptes secrets de cet organisme, dit « non publiés », et les éléments fournis par mon correspondant au sein de cette institution financière, il apparait qu'une société offshore nommée « HawkStrike » et domiciliée aux îles Cayman, dont les ayant droits déclarés en Suisse sont messieurs Igor Volkov et Alexeï Petrovski, ont mouvementé de gros volumes de titres « Langsade » sur cette même période.

Il apparait aussi deux comptes qu'il me semble de mon devoir de vous signaler : l'un au nom de Dominguez et l'autre au nom de Blomet, qui ont interagi sur la même période avec ceux de Volkov et Petrovski. »

A la lecture du mémorandum, Bonnier entra en ébullition. Ainsi avait-il raison, un immense complot aurait été ourdi ! Par les russes ? Sur ordre de ce fou de Dominguez ? Leroux ne s'imaginait pas la déflagration que sa note avait provoquée dans le cerveau surchauffé de son patron. Surexcité, sautillant en tous sens, il n'eut de cesse de harceler son subordonné pour se faire préciser ce qu'il venait de lire et pour la plus grande joie de Vincent. « Maintenant que j'ai ferré le brochet, je ne le lâche plus ! » complotait déjà le stagiaire de la DGSE heureux de leurrer aussi facilement la supposée « fine lame » qu'était Jean Louis Bonnier.

Chapitre 22

Mai 2003

De nouveau un soleil timide envahissait Paris. La chaleur douce s'épandait dans les rues, nourrissait les pierres, réchauffait les bourgeons et les premières fleurs ; de discrets pollens diffusaient parfums et allergies ; l'asphalte mariait son gris au vert tendre des arbres renaissants ; les piétons ralentissaient le pas.

Sauf Leroux.

Après la longue pause imposée à sa source, Michel, son officier traitant, lui donna rendez-vous au café « Sir Winston » à la frontière des 16ème et 8ème arrondissements. Leroux arriva persuadé de sa défaite.

- Bonjour Vincent, le salua froidement Michel avant de s'assoir dans un confortable fauteuil Chesterfield dans un coin esseulé du bar.
- Bonjour Michel fit Vincent le sourire crispé.
- Alors, interrogea Michel âprement, où en sommes-nous ?
- Le Liban ?
- Oui

- Eh bien, j'ai relancé Ahmed mais il est de plus en plus tendu et il n'y pas moyen pour moi de le voir, lui ou les personnes qui sont en possession des documents.
- Que vous a-t-il dit ?
- Pas grand-chose, mais je sens la peur dans sa voix. Il n'a pas intérêt à collaborer. Il a finalement beaucoup à perdre.
- Nous pourrions le payer.
- Un ex trader ?
- Oui, fait Michel, effectivement.
- De toute façon, il se méfie de tout et pour être honnête, je doute désormais du succès de ma mission.

Michel le regarda impassible alors que Vincent tentait de reprendre la main.

- En revanche, j'ai enquêté sur les titres « Langsade » et des mouvements suspects sont apparus.
- Vraiment ?

Et Vincent révéla avec force détails les transactions troubles qu'il prétendait avoir mis à jour pendant que Michel prenait quelques notes en silence.

- Sinon, fait Leroux, j'ai une autre nouvelle !
- Laquelle ?
- J'ai eu la communication de deux comptes au moyen de notre pénétration des comptes non publiés de Clearing SA, l'un au nom de Pablo Dominguez et l'autre de Jules Blomet !
- Le patron d'ED et l'un de ses adjoints ? D'autres prénoms ?
- Oui, exactement. Je n'ai pas communiqué encore ces éléments à Jean Louis Bonnier.
- Fort bien, note Michel. Autre chose ?
- Euh, non, non, répond Leroux désarçonné.

- Je peux vous dire quelque chose avant de nous séparer Vincent ?
- Oui Michel, certainement.
- Dans les services secrets, dans toute opération avortée, le ver était dans le fruit dès l'initiation de celle-ci.

Et l'officier traitant rompit l'entrevue sur cette conclusion.

« Compte rendu d'entretien avec Janus, le 16 Mai 2003.[9]

De 17h30 à 18h00

Café « Sir Winston », rue Presbourg à Paris.

Ambiance : après plusieurs semaines de silence imposées par l'officier traitant, Vincent Leroux s'est présenté légèrement tendu et anxieux en dépit de ses efforts pour dissimuler son trouble.

Affaire en cours :

Vincent Leroux ne livre aucun document financier en provenance de Beyrouth. Il s'excuse et explique l'extrême méfiance de son interlocuteur avec lequel le dialogue est de plus en plus distendu. Il doute du succès de sa mission.

Connaissances nouvelles acquises :

Vincent Leroux a constaté que, du début de l'année jusqu'au 14/03/2003, date du décès de monsieur Jean Luc Langsade, le volume moyen des transactions sur le titre « Langsade » était de 400 000 par jour. Depuis sa mort ce volume a doublé s'établissant à 900 000 titres par jour ce qui rendrait les circonstances du décès troubles.

A l'occasion de ses recherches, Vincent Leroux a découvert les références de comptes bancaires en Suisse au nom de

---

[9] Reproduction modifiée et partielle d'une note de la DGSE.

messieurs Pierre Dominguez et Ernest Blomet, son directeur de la sécurité (sous d'autres prénoms).

Pressé par Jean Louis Bonnier, Vincent Leroux déclare s'être refusé à lui communiquer ces éléments.

Il semble préférable d'arrêter tout contact avec Vincent Leroux eu égard à sa personnalité et à la quasi impossibilité de le contrôler. »

Par cette note expéditive, Vincent Leroux fut débarqué de la DGSE.

Chapitre 23

Juin 2003

La décision de la DGSE ne tarda pas à revenir aux oreilles de Boursoufflet. « Mauvaise nouvelle se dit-il ». Il était l'homme qui accrédita Leroux et par ricochet son prestige pouvait en souffrir. Qui savait si ses anciens collègues ne profiteraient pas de ce malheureux épisode pour lui savonner la planche auprès des dignitaires de l'état français.

Lui, le « super agent », auréolé de gloire par quelques exploits passés, hors de tout service et donc de tout contrôle, suscitait jalousie et méfiance. Il n'occupait aucun rang hiérarchique. Sphinx à la réputation de « maître espion », il impressionnait. La République, bonne fille, lui accordait une place singulière, hors norme. Il agissait seul et rendait compte directement au ministre de la défense. Boursoufflet avait peu à perdre de ses paris. Enfin, théoriquement. Dans une organisation structurée, composée de professionnels évaluant leurs performances respectives, la sanction tombe en cas de manquement : blâme, rétrogradation, éviction, opprobre ou bannissement. Mais Boursoufflet, que risquait-il ? Un éloignement du ministère tout au plus, avant d'être rappelé pour consultation sur le dernier dossier prioritaire en provenance du Proche-Orient. Il pouvait se permettre de suivre son instinct sans tenir compte de l'avis de quiconque. Il croyait que Leroux avait des documents saoudiens à portée de main et que leur récupération ajouterait à son prestige. Mais il craignait aussi que l'éviction brutale de « sa source si exceptionnelle » lui nuisit. Son objectif : reprendre en direct son suivi - une procédure contraire à tous les usages - afin de la crédibiliser, se protéger et maintenir un atout dans son jeu. Son traitement lui paraissait peu risqué pour de potentiels gros bénéfices : Boursoufflet, seul contre tous, tombeur de Ben Laden ! A cette pensée, il rosissait de plaisir. Il avait sur le poitrail de la place pour une breloque supplémentaire. Dans le cas contraire, il contrôlerait le dérapage pour s'en sortir indemne. Il ne doutait pas encore ou pas suffisamment. Totalement subjugué par la virtuosité de Leroux et obsédé par sa propre gloire, il donnait du crédit aux dires de son agent.

- Jean Louis, je tiens à vous informer que la DGSE a décidé de ne pas donner suite avec Vincent Leroux, dit Boursoufflet au téléphone.
- Vraiment ? Répond Bonnier interloqué. Que s'est-il passé ?
- Visiblement les difficultés auxquelles il fait face pour obtenir les documents saoudiens les rendent nerveux.
- Fort fâcheux ! Fort fâcheux ! Mais vous, qu'en pensez-vous ?
- Je pense que Vincent Leroux tient probablement une piste. La DGSE est assez pleutre parfois en raison de déconvenues subies. Vous savez pour partie lesquelles. Et dans ces organisations, on ménage sa carrière. Si je les avais écoutés je n'aurai

jamais arrêté le terroriste « Felipe » au Soudan ! Et vous, qu'en pensez-vous ?

- Les dernières informations qu'il m'a fournies au sujet de Clearing SA sont explosives et vont dans le sens de ce que je suspecte depuis longtemps à propos de Langsade.
- Oui… en effet
- Mais que proposez-vous ?
- Je propose que nous le voyions indépendamment et que nous confrontions nos points de vue.

Leroux ne fut pas particulièrement étonné de sa convocation par Boursoufflet et Bonnier. Depuis ses derniers rendez-vous avec Michel, son officier traitant imperméable à son charme, il avait anticipé que ses jours étaient comptés auprès de la centrale de renseignement française. Et, comme on saute de branche en branche, il s'était dépêché de pousser le pion « Clearing SA ». Ainsi va sa carrière d'apprenti espion et de consultant de pacotille toujours plus proche des affaires brulantes et secrètes de la République. « Vous voulez du complot ? Ah, je vais vous en donner moi, du complot ! Un bon gros complot ! Bien dur ! Comme ma bite ! » Aboyait-il, pour décharger son stress.

- Voyez-vous Jean Louis, ma source principale est terrorisée, argumente Leroux. Les conséquences pour elle de divulguer des informations, si cela venait à se savoir, seraient plus que catastrophiques. La mort et la torture au préalable. Il ne faudrait pas longtemps, selon elle, pour que les autorités saoudiennes identifient la taupe par la nature même des éléments qui auraient fuité.
- Mais la DGSE sait traiter cela.
- Oh sans doute, je ne suis pas un expert, et je vous crois sur parole. Mais en tout état de cause, avec

moi, ils sont assez expéditifs. Ils imaginent que les renseignements doivent leur être servis sur un plateau comme un bureaucrate attend son rapport régulier.

- N'ont-ils pas proposé de recruter votre source ?
- Trop tard. Nous avons déjà coopéré, elle refuserait tout rapport avec un service étranger et elle est déjà sur ses gardes. Au fond, elle regrette de s'être confiée à moi. Qu'a-t-elle à gagner à aider la France ? Trahir son pays et mourir ? Vive en paria ? Au fond rien ne la motive. C'est une chose de faire quelques confidences et cela en est une autre d'avoir la force morale de faire le « bien » contre ses intérêts fondamentaux.
- En effet.
- Je pense mon officier traitant très compétent, mais la gestion du dossier manque de subtilité si je puis me permettre. Rien n'est facile. Et moi que suis-je, Jean Louis, dans cette histoire ? Un rouage, un simple rouage.
- Effectivement, merci de votre franchise. Mais nous avons ces éléments de Clearing SA, qui sont d'une haute importance.
- Mais c'est la conjonction des deux dossiers. En cherchant les réseaux financiers saoudiens j'ai accès comme vous le savez à de nombreux mouvements opaques dans cette usine à dissimuler des transactions qu'est devenue Clearing SA. J'ai vu ces comptes, et je vous ai transmis l'information. Tout simplement si je puis dire. Maurice Dubois ne comprend pas entièrement, de mon point de vue, la valeur de la mine d'or qu'il a à disposition.

- Je suis bien d'accord avec vous ! Ce filon doit être exploité. Nous devons absolument - absolument Vincent ! - Vous m'entendez ? - suivre cette affaire. Elle est d'une très haute importance !
- Certainement, je partage votre point de vue. Je suis à votre disposition Jean Louis.

Ainsi floua-t-il facilement Jean Louis Bonnier, monomaniaque complotiste, avec quelques raisons de l'être. L'ultime note de Leroux avait frappé son imaginaire. Elle avait actionné un interrupteur maléfique, celui qui confirme une opinion déjà ancrée depuis longtemps et la rend plus inexpugnable encore. Une opinion aussi forgée par des années de combat au service de Langsade. Le passé pèse dans le façonnage de la pensée. Jean Louis Bonnier avait désormais besoin de Vincent Leroux comme le toxicomane s'accroche à son dealer et refuse de considérer la qualité de la marchandise.

Leroux s'était aussi souvenu que Bonnier ne s'était que rarement trompé dans sa carrière. (N'avait-t-il pas compris les menées hostiles ourdies par Dominguez contre Langsade alors qu'aucun service ne l'envisageait ?) Cette expérience renforçait son instinct. Le stratège d'EDA était habitué à raisonner par lui-même et contre les institutions si nécessaire. C'est à son indépendance d'esprit et à la confiance de son patron qu'il devait sa carrière. Par conséquent, il fallait habilement suivre le cours de cette rivière solitaire et la faire grossir.

« You are such a psychologist ! » lui disait souvent Marlène pendant qu'il la sodomisait frénétiquement tout en lui expliquant les affaires en cours.

Avec Boursoufflet l'entretien fut plus expéditif.

- C'est du sérieux votre listing « Clearing SA » ?
- Mon général, la chambre de compensation a dissimulé un système de « comptes non publiés ». Cette liste n'est accessible que par l'intermédiaire d'une procédure informatique connue du seul président de Clearing SA. Ces comptes n'apparaissent pas dans la comptabilité consolidée de l'entreprise mais dans une comptabilité parallèle permettant de maintenir leur anonymat. C'est cette liste que j'ai obtenue et que j'ai transmise à Jean Louis.
- Fort bien…, fort bien. Mais que contient-elle, des comptes russes ?
- Oui des personnes que je ne connais pas mais dont les noms ne sont pas inconnus à Jean Louis sans parler de ceux de Dominguez et Blomet.
- En effet, c'est troublant et mérite d'être approfondi. Continuez. Vous me rendrez compte directement désormais. Ne souhaitez-vous pas passer quelques jours à Beyrouth cet été pendant vos vacances ?
- Beyrouth, euh oui, fait Leroux pris au dépourvu, pour les documents ?
- C'est cela, nous essaierons. En tout état de cause, vous irez à Beyrouth avec moi. C'est ce qu'il y a de plus simple. J'y connais du monde.
- Oui mon général, comme vous voudrez mon général.

Boursoufflet avait besoin que Bonnier fasse confiance à Leroux. Lâcher Leroux maintenant aurait été une erreur tactique, on l'a dit. Leroux tenait d'ailleurs peut-être quelque chose. Tant de précisions données, il fallait vérifier. EDA avait été attaqué à plusieurs reprises. Tous les coups sont permis dans ce milieu. Ou n'avait-il rien ? Tant pis pour

Bonnier et son obsession du complot. Peut-être avait-t-il raison mais les infections nosocomiales existent également.

Chapitre 24

Premier Juillet 2003.

« Attention : Madame la Ministre de la Défense.[10]

Sujet : Source Oasis

La DGSE a décidé de se séparer d'Oasis car il n'avait « rien à donner » et qu'il pouvait être une source d' « ennuis ». Certains précédents désolants (FLAM) n'encouragent pas le service à traiter facilement des sources sensibles. J'ajoute que je ne suis pas certain que celui-ci ait les moyens techniques de traiter les informations livrées.

Après m'être entretenu de l'opération auprès de votre directeur de cabinet le 4 Mai dernier, je vous propose de traiter Oasis directement qui a entre-temps obtenu un contrat de consultant financier auprès d'EDA sous la supervision de Jean Louis Bonnier, en lui demandant de me fournir uniquement les informations sensibles sur certains réseaux financiers transnationaux opaques dans le cadre de la lutte anti-terroriste.

[10] Reproduction (quasi à l'identique) d'une note du général Rondot au ministre de la Défense.

Les pièces récoltées seront transmises à TRACFIN (Traitement du Renseignement et Action Contre les Circuits Financiers Clandestins) pour exploitation, avis et orientation dans un premier temps. TRACFIN est probablement le service le plus compétent pour analyser les données récoltées. Si cette structure y voyait un intérêt majeur, Oasis pourrait être géré directement par TRACFIN.

J'ai demandé à Oasis de récolter les documents sensibles à Beyrouth. Cela devrait être réalisé cet été dans le cadre d'un voyage d' « agrément » prévu sur place. »

La ministre interloquée par la décision de la DGSE qui lui confirma par son directeur ses doutes sur la fiabilité de la source finit par donner son autorisation par un « ok » manuscrit sur la note du général. Après tout, c'était les affaires de Boursoufflet, s'il échouait, elle s'en débarrasserait, s'il démantelait un réseau terroriste, elle s'en glorifierait.

Quand Leroux apprit qu'il conservait son job, donc son salaire et, coup double, qu'il s'était extrait définitivement des griffes acérées de la DGSE qui venaient d'arracher sans difficulté son masque, il fut pris d'une bouffée mégalomane et admira son talent. Il appela sa call girl tchèque favorite et lui lécha les orifices et les tétons toute la nuit, sa bite triomphalement érigée. « You are my favourite spy ! » déclara sa maitresse, éperdue d'amour et corsetée de cuir pendant que Vincent éjaculait généreusement sur seins en beuglant « Prends ça salope ! C'est français ! »

Le lendemain, c'est avec assurance que dans le bureau de Jean Louis Bonnier il fit défiler les 15 000 comptes de Clearing SA sur le fichier Excel de son ordinateur portable – et cette masse de chiffres et de lettres produisit son effet - avant de s'arrêter sur les noms de Dominguez Pablo, Alfonso, Jules Blomet, et Philippe Almas, vice-président d' « AirInternational » et rival acharné de Bonnier, tous trois pourvus de comptes dont les numéros se suivaient. Bonnier se cabra, ajusta ses lunettes et laissa échapper un tic nerveux, une sorte de clignement des yeux rapides et un mouvement de tête semi-circulaire qui faisait penser à un hibou, signes de son excitation extrême que ses collaborateurs avaient appris à décrypter.

« Alfonso est le deuxième prénom de Pierre Dominguez dit-il d'une voix blanche, celui de son père, un républicain anti-franquiste. »

- Jean Louis, par Maurice Dubois, j'ai pu prendre connaissance d'importants mouvements financiers entre décembre 2002 et janvier 2003 entre les comptes d'Igor Volkov et Alexeï Petrovski et ceux de Blomet, rajouta Leroux.

Pour conclure l'entretien en beauté, Vincent lui expliqua que par l'intermédiaire de deux sources bancaires, l'une au Crédit Suisse à Zürich et l'autre à Clearing SA, il avait identifié des mouvements d'achats de titres « Langsade » par la « Banco Popolare di Sondrio » entre la Suisse et le micro état de Saint-Marin au bénéfice des trois hommes. Il lui montra ces mouvements sur son écran et sa lecture fit l'effet d'un second choc sur Bonnier, presque électrique, puisqu'il sursauta sur sa chaise avant de reprendre contenance.

Le puzzle se complétait enfin sous ses yeux. Tout s'explique toujours, tout a une origine, rien n'est jamais fortuit, pas même un accident de la route !

Quelques semaines plus tard, Leroux fournit un listing de comptes supplémentaire de Clearing SA à Bonnier et Boursoufflet : un paquet de 33 000 comptes. Pour faire bonne mesure, il ajouta les noms de quelques personnalités du monde des affaires, d'hommes politiques très connus, surtout de gauche, et de deux ou trois espions dont il avait appris l'identité.

Parmi eux, les politiciens Dominique Strasse Kohn et Jean Pierre Avènement, Georges Kaltman, un avocat réputé service de ces derniers, Alain Dingue, une éminence grise qui aimait la lumière, Alain Patelin, ancien ministre libéral, Dominique Paudis, ancien maire de Toulouse, et mêlé à toutes les conspirations mondiales dont une sordide affaire de pédophilie avec le premier ministre britannique, Herbert Lalcone, et Arcadi Aymak, des intermédiaires compromis dans un scandale de fournitures militaires en Angola, Medhi Ben Ahmed, entrepreneur britannique lié au scandale « PHF » qui avait fait grand bruit en France, Armitch et Kholmsk, deux oligarques russes fameux et un certain Zhang Ming dont le nom était régulièrement cité par les journalistes dans le cadre d'un contrat de vente de frégates militaires à l'île de Taïwan. « Voilà, voilà ! Comme c'est beau ! » Déclara Leroux. « Ah ! Tu exagères toujours ! » Lui dit Marlène son sexe un instant sorti de sa bouche alors qu'il apportait à son listing sa touche finale.

Chapitre 25

Liban, Aout 2003

Par une après-midi étouffante, Boursoufflet, Leroux, et Jonhson, agent de la CIA, se retrouvèrent dans un café discret des faubourgs Beyrouth. Ils étaient chacun arrivés par leurs propres moyens dans la capitale libanaise.

Leroux avait compris les doutes de cet imbécile de Boursoufflet et avait travaillé d'arrache-pied pour élaborer les documents qu'il avait promis. Après tout, il savait maintenant fabriquer de faux listings financiers, il pouvait enfin livrer ce qu'on lui demandait depuis des mois. Il était devenu un faussaire chevronné. Le « vieux con » il s'en chargerait aussi bien qu'il bernait Jean-Louis Bonnier.

Il prétendait avoir convaincu sa cible, à condition qu'elle le vit seule, de livrer les précieuses informations. C'est devant Boursoufflet et Johnson subjugués, alors qu'ils l'attendaient ruisselants de sueur depuis deux heures dans un troquet surchauffé devant un café fumant, qu'il remit des microfiches et une liasse de documents qu'il commenta doctement pendant une trentaine de minutes à grands renforts de termes techniques auxquels ses interlocuteurs ne comprenaient rien.

La moitié des opérations qu'il divulguait étaient réelles mais avaient pour donneurs d'ordres, d'autres personnes que la famille Ben Laden. Il avait assez bien magouillé son affaire et savait les vérifications difficiles. A cette époque, tous les systèmes informatiques des banques n'étaient pas reliés entre eux et beaucoup étaient encore archaïques. Surtout au Liban. Il avait récupéré, via des connaissances oeuvrant dans différent back-office, des listings en arabes de la « Wedge Bank » et de « QNB » qu'il avait habilement modifiés. Par John, son copain de partouze, il avait eu accès à des comptes de la famille Ben Laden logés chez Merrill Lynch. Ce dernier lui avait suggéré, en riant comme à son habitude devant les frasques de son ami, mais tout de même un peu inquiet, « d'arrêter ses conneries ».

Enfin bref, tout cela semblait fort plausible aux deux espions.

Il revint à Paris glorieux, sa crédibilité renforcée auprès du général et de Bonnier. Il parait même que le ministre de la Défense s'était enorgueilli de cet exploit auprès de la présidence de la république !

Evidemment tout ce cirque avait été préparé par Bousoufflet avec force notes, contacts avec les services étrangers, nom de code, ici l'opération « Roosevelt », et autres communications sibyllines pour donner à cette action tout son clinquant. Chacun bricole avec ses armes.

Mi-septembre, alors que Bonnier le harcelait sur ses « progrès » et qu'il voulait se faire bien voir, il lui révéla au téléphone, que l'opération sur laquelle il travaillait avec zèle : le piratage des comptes de Clearing SA grâce à l'entremise d'un complice au sein de l'institution financière, une relation du journaliste Maurice Dubois, avait été couronnée de succès. Bonnier fut admiratif d'une telle performance.

Leroux, le grand espion financier que la France attendait.

Chapitre 26

Fin des années 80.

En parallèle des règlements de comptes franco-français dans l'industrie de la défense, les grandes figures du monde politique se livrait à une guerre sans merci pour le contrôle du pouvoir exécutif.

A cette époque, la question des financements occultes était centrale.

François Mitterrand fut réélu en 1988. Peu après son élection une série de scandales retentissants l'éclaboussèrent. L'affaire du « Carrefour du Développement » dévoila que les anciennes colonies africaines de la France servaient de pompe à finance pour le parti socialiste et l'affaire « Urba-Graco » révéla que les lois de décentralisation servaient de paravent au versement de pots de vin à des élus locaux absorbés nationalement par le PS dans le cadre de l'implantation d'hypermarchés. Il apparut que tous les grands partis usaient de moyens similaires. Pour épurer un climat putréfié, plusieurs lois sur le financement des partis politiques furent votées qui rendirent de plus en plus compliquées les bonnes vieilles méthodes. Les trésoriers des grands partis mirent alors en œuvre de nouveaux circuits de collecte de fonds plus discrets et plus efficaces.

En Mai 1989, dans sa volonté de souffler le contrat de vente de frégates de combat à la Corée du sud, la France, invita le maréchal Chen-Huang, ministre de la défense et futur premier ministre taïwanais à visiter ses arsenaux. Il aimait beaucoup la France, pour sa gastronomie sans doute.

De manière étrange, alors que le contrat d'achat de frégates coréennes était déjà rédigé, le maréchal envoya un télégramme, le 8 mai, à ses services leur ordonnant de stopper immédiatement les négociations en cours alors à leur point d'achèvement.

Comme il était d'usage à l'époque, la France, par l'entreprise ED, à la pointe dans cette négociation, versa immédiatement une avance à Chen-Huang et aux siens pour précipiter la décision.

Le 3 juin 1989 fut une date cruciale dans l'histoire de la Chine, donc du monde, avec l'écrasement dans le sang du mouvement démocratique qui s'exprima des semaines durant sur la place Tiananmen à Pékin. Après bien des hésitations au sommet du pouvoir chinois, la ligne dure de Deng Xiao Ping, le développement de le Chine avec le parti communiste comme guide inamovible, l'emporta et changea irrémédiablement le destin du pays.

La France, en pleine commémoration du bicentenaire de la révolution, décida en représailles de geler ses relations diplomatiques avec la Chine. Pékin humiliée fit alors comprendre à Paris que l'insulte était grande et que sa volonté de vendre ses navires à l'île rebelle ne pouvait être interprétée différemment d'une déclaration de guerre.

Roland Pumas, fringant ministre des affaires étrangères, considéra que les relations de la France avec la future première puissance d'Asie devaient absolument être sauvegardées et convainquit le président de la République d'opposer son véto à la vente des frégates afin de calmer le jeu et de maintenir avec les chinois un dialogue indispensable.

Pour Pierre Dominguez qui dirigeait l'opération en partenariat avec la « Direction Navale de l'Armement » (DNA), cette décision fut perçue comme une erreur stratégique majeure et il n'était pas homme à se laisser vaincre sans combattre. Il élabora immédiatement une stratégie en trois volets : d'abord inonder d'argent le pouvoir taïwanais pour éviter la reprise des négociations avec les coréens, ensuite s'assurer l'aval de la Chine de la même façon, et enfin agir pour obtenir la levée du véto français.

Chapitre 27

Madame Liu une quinquagénaire élégante, grande admiratrice des créateurs de mode français, elle ne s'habillait que chez les meilleurs faiseurs de la place de Paris, petite femme au corps ferme, autrefois très jolie, les lèvres étroites et sensuelles et toujours soulignées d'un rouge éclatant, les pommettes dessinées et le regard noir vif, dégageait une impression d'énergie qui se traduisait dans sa gestuelle rapide, sa démarche saccadée et ses propos aiguisés. La capitale française était pour elle un enchantement ; ses fiers immeubles de pierre blanche, ses monuments iconiques, ses pâtisseries, ses couturiers et ses entreprises généreuses.

- Madame Liu, ED vous sait gré d'être si prompte à servir ses intérêts. Votre dévouement nous fait honneur. Commença Blomet, mielleux comme il convenait.
- « Les grandes âmes ont de la volonté, les faibles n'ont que des souhaits. » Ce proverbe de notre pays convient à la personnalité exceptionnelle de votre PDG. Répondit madame Liu tout aussi diplomate.
- Il appréciera ce compliment que je lui rapporterai. Quand pensez-vous voir le premier ministre Li Pang ?

Attaqua Blomet qui n'aimait pas perdre son temps en fioritures.

- Bientôt. Je ferai partie de sa suite pour sa visite à Shanghai le mois prochain.
- Bien, bien, comment se porte-t-il ?
- Bien, je vous remercie de votre sollicitude. Fasse le ciel qu'il vive 1000 années ! Mais vous savez le régime très frugal dont il doit se contenter.
- Frugal ?
- Oui, il doit payer de sa poche une partie de ses frais de déplacement, n'est-ce pas là trop demander à nos dirigeants ? Le communisme n'est pas l'ascèse !
- Certes, certes, nous serions tellement heureux d'alléger son fardeau qu'il puisse entièrement se consacrer à la gloire de votre grand pays.
- Il sera sensible à un tel geste de soutien, n'en doutez pas monsieur Blomet. Néanmoins le Chine trouve dangereuses ces frégates que vous voulez vendre, même si nous pouvons bien vous comprendre. Quelles garanties nous donnez-vous ?
- Si la vente s'effectue, elle ne sera qu'un leurre, nous n'offrirons aucun armement aux taiwanais mais surtout nous avons pour vous un cadeau : le code secret permettant d'identifier sur vos radars ces bâtiments. Considérez qu'ils ne seront pour vous d'aucun danger.
- Ce que vous me dites monsieur Blomet me réchauffe le cœur. Je peux vous certifier que nous avançons dans la bonne direction !

Madame Liu était une « facilitatrice ». Ex épouse d'un puissant hiérarque du parti communiste, elle s'était constituée un utile carnet d'adresses et s'était imposée par sa discrétion, et le fait qu'elle n'occupait aucune fonction officielle, comme intermédiaire dans de nombreuses transactions entre des entreprises occidentales soucieuses d'investir en Chine et les autorités politiques locales. Directe, vénale, réputée fiable, elle avait enseigné la politique du « donnant, donnant » à ses contreparties chinoises et acquit ainsi auprès de tous un fort crédit.

Sitôt madame Liu en route pour Pékin, ED, via une discrète société enregistrées aux Seychelles, vira à son bénéfice la somme de 5 millions de Dollars sur le compte d'une autre société offshore établie aux Bermudes et, bientôt la doubla, quand 3 semaines plus tard le premier ministre Li Pang, au cours d'un discours prononcé à Shanghai cita le proverbe suivant : « En buvant l'eau du puits, n'oubliez pas ceux qui l'ont creusé. ».

Puis, il fut convenu du prix final qui tiendrait compte de l'importance de l'empire du milieu et empêcherait ses dignitaires de perdre la face : 200 millions de Dollars versés en plusieurs fois par ED via un schéma similaire de firmes offshore avec leur cascade de prêtes noms créées pour l'occasion.

De l'autre côté du détroit de Formose, Zhang Ming assista à une réunion cruciale avec Blomet qui avait fait le déplacement pour le rencontrer.

Pas de pub embué, pas de restaurant pantagruélique, pas de bordel enfiévré, Blomet à la différence de Donadieu était un sobre. Petit, légèrement vouté, massif, son cou en avant à la façon d'un vautour supportait une tête enflée, ovale et dégarnie que perçaient des yeux d'un bleu intense dont l'éclat illuminait son visage pâle. Ce fut dans un bureau anonyme, à peine meublé d'une simple table en bois et deux chaises métalliques, loué par Zhang au-dessus d'une buanderie, que Blomet rencontra son interlocuteur. Sa voix était rauque et lente, ses propos clairs, économes et précis.

- L'état français nous donnera satisfaction et l'embargo sera levé, assura-t-il.
- Ils ne pourront attendre. Vous me mettez dans une situation impossible.
- L'embargo sera levé et nous voulons vous voir attendre. Nous savons que ceci a un prix et ce prix sera payé.
- Combien de temps ?
- Peut-être un an, peut-être deux. Pas au-delà.
- Le prix, si je parviens à en fixer un, sera très élevé. Vous demandez beaucoup.
- Ce n'est pas tout, nous ne pouvons vous vendre des systèmes d'armes – ou plus tard et discrètement – pas officiellement – promesse faite à la Chine.
- Le prix, si je parviens à en fixer un, sera astronomique, consentirez-vous à payer un tel prix ?
- Nous voulons ce contrat. Nous avons besoin de ce contrat pour plus de raisons que vous ne pensez. Nous paierons.

Ainsi Zhang Ming au cours de l'année qui suivit se vit remettre en plusieurs versements plus d'un milliard de Dollar taiwanais avec lequel toute l'armée et tout le gouvernement de la République de Taïwan fut acheté. Et Taïwan patienta.

Chapitre 28

« Blomet ! » fait Dominguez « Des voyous au quai d'Orsay ! Bouchés ces cons ! Et la France ? Ca les intéresse la France ? Nous sommes plus efficaces en Chine et à Taiwan que sur notre propre sol ! Ce Roland Pumas, un âne, un bourricot ! Il faut le faire céder, vous m'entendez Blomet ? »

- Oui Monsieur, il est le dernier obstacle, répond le fidèle lieutenant lapidaire.
- Comment ne pas commettre d'impairs pour l'approcher, le faire céder et faire céder le président avec lui ? Aucun argument rationnel. Pas même l'essor industriel de la France ne semble le toucher cet âne rouge ! Le député maire de Lorient, Le Prian s'y est cassé les dents ! Qu'en pensez-vous Blomet ?
- J'ai un plan à vous soumettre monsieur.
- Un « plan » Blomet ?
- Il faut agir sans brutalité pour éviter qu'il ne se referme dans sa coquille. Tous les hommes ont des points faibles, ceux par lesquels ils agissent de leur propre gré.
- Quel est ce point faible ?

- Ces « points » monsieur sont toujours les mêmes : l'argent et les femmes, mais c'est par la femme que nous donnerons l'argent.
- Vous avez la femme ?
- Nous avons la femme.
- Mon bon Blomet, que ferai-je sans vous !

Chapitre 29

Dans un jet privé aux couleurs de la société PHF (« Prospection et Hydrocarbures de France), un Falcon 900 rutilant, qui fait la liaison entre Libreville et Paris, André Costello, conseiller de la société pétrolière, ouvre une bouteille de champagne Roederer. Face à lui, Armande Duplessis Chaudreuil, assise sur une banquette de cuir blanc surpiquée bleu marine, l'observe. Ses longues jambes musclées se croisent élégamment au-delà d'une jupe courte qui couvre ses cuisses légèrement au-dessus du genou de telle sorte qu'elle est désirable sans paraitre vulgaire. Elle arbore un chemisier en soie crème faussement pudique, fermé d'un bouton au col mais qui laisse percevoir, le long d'une fente discrète et inclinée, une jolie poitrine gonfler l'étoffe. Ses traits de femme sportive sont fermes, ses lèvres charnues et rosées, son nez petit et droit, ses yeux verts, et son front large, légèrement bombé, est encadré d'une chevelure brune épaisse, resplendissante et soyeuse qui déroule des mèches torsadées sur des épaules arrondies par l'exercice. Elle a presque 38 ans mais en parait 28.

André, la soixantaine bien portante (son embonpoint arrondit sa chemise), est moins distingué : les épaules larges, le teint bronzé, les joues pleines, le nez épais et le front ridé et cerné d'une chevelure hérissée poivre et sel. Ses yeux gris, petits, saillants et rigolards forment l'élément le plus remarquable dans son large visage.

A ses côtés, sanglé dans un costume de prix qui semble difficilement ajusté sur ce corps mal proportionné, Blomet, impassible, regarde Costello emplir les flûtes de cristal déposées sur une table basse en ronce de noyer vernie ancrée au plancher de l'avion.

- Voyez-vous ma chère, dit Costello, l'action d'ED est essentielle pour l'économie du pays. Cette entreprise est un fleuron et souvent nous collaborons. Nous sommes PHF : la plus grosse entreprise industrielle française et nous avons un devoir de « solidarité » vis-à-vis des industriels nationaux. Un rôle de « leadership » français. J'assume le terme de « patriotisme économique ».
- Comme je vous comprends André, répond Armande d'une voix douce. Je pense que c'est l'un des maux français de détruire tout ce qui nous fait grand. Cela est affligeant si vous voulez mon point de vue.
- Comme j'abonde à vos vues, renchérit Blomet, permettez-moi de trinquer avec vous à votre lucidité et à l'amour que nous portons tous à notre chère patrie.
- Comme cela est joliment exprimé fait Armande. Vive la France !

« Vive la France ! » répondent les deux hommes avant d'entrechoquer leurs verres.

- Armande, fait Costello, avec mon ami Ernest, nous pensons à vous pour une mission de la plus haute importance.

- Oh ! Fait Armande souriante et désinvolte, réajustant d'un geste élégant sa jupe, je sacrifierai mon être à la gloire du pays. Le devoir ne se discute pas, n'est-ce pas messieurs ? Lance-t-elle ses yeux verts rieurs et son sourire ravageur à l'assaut de ses interlocuteurs. Elle avait le don d'anticiper la pensée des autres.

Subjugué, Blomet hocha la tête, se tut et pensa avoir travaillé efficacement.

Il paraissait évident qu'Armande était « l'homme de la situation ». Quand elle fut présentée à Dominguez, 5 jours plus tard, au siège social d'ED à la Défense, le puissant patron eut du mal à réfréner ses pulsions de quinquagénaire parachutiste et faillit l'inviter à diner sur le champ. Blomet, froid, d'un regard réprobateur, montra l'autorité nécessaire pour ramener son fougueux chef sur le chemin du pragmatisme.

- Je suis heureux, dit-il, de la sollicitude que vous montrez pour notre groupe et le péril qu'il traverse en raison de ce stupide véto imposé par le ministre des affaires étrangères. Un homme charmant par ailleurs en dehors du différent qui nous oppose. Quel dommage qu'il ne puisse saisir l'intérêt stratégique d'un tel contrat !
- Comme je vous vous comprends, répondit Armande aujourd'hui vêtue d'une robe structurée Hugo Boss qui épousait ses formes sensuelle et découvrait ses jolis bras.
- Je serai heureux de vous voir m'accompagner au Quai d'Orsay la semaine prochaine, j'y ai une réunion et le ministre me recevra. Vous pourrez tout à fait déclarer être ma collaboratrice, ce que vous êtes déjà par ailleurs !

- Absolument, pour vous servir monsieur Dominguez, vous et la France, cela va de soi ! Nous devons absolument réaliser ce marché !

C'est ainsi qu'Armande Duplessis Chaudreuil, fille d'aristocrates désargentés à l'éducation soignée, aventurière et courtisane, devint la maitresse de Roland Pumas, ministre des affaires étrangères de François Mitterrand.

Armande n'avait jamais goûté le destin de femme soumise qu'on lui destinait : échanger son nom contre un peu de fortune dans les bras d'un cadre supérieur mou, inculte et probablement arrogant. Certainement, se piquerait-il de culture comme il étalerait ses diplômes. Mais la culture, selon elle, était autre chose, une sensibilité dont tous ne sont pas dotés et qui permet d'apprécier ce que l'on voit, ce que l'on écoute, ce que l'on sent, ce que l'on touche et ce que l'on goute. C'est le mélange délicat des sens et de l'intellect pour une vibration supérieure, une jouissance, un orgasme parfois. Pas un hochet pour polytechniciens efflanqués, dégarnis et boutonneux.

Lucide sur sa grande beauté, elle se regardait elle-même comme un maquignon. Elle prit conscience assez tôt que son corps et son charme constituaient son passeport pour cheminer vers son indépendance et valaient tous les diplômes. Chacun a ses talents, elle avait celui de la séduction. La vraie, la séduction directe et raffinée à la fois ; l'infaillible mante religieuse dévore son amant. Il fallait en user avec franchise et prudence, se faire désirer et s'abandonner parfois. Croire en l'autre avec la sincérité de l'instant pour partager un bout de chemin, des plaisirs de toutes natures, et des intérêts communs bien compris.

Chapitre 30

Roland Pumas était homme à savoir que les rencontres fortuites dans les fonctions qu'il occupait n'existaient pas. Ce Dominguez, fort sympathique, mais pas très subtil ! Mais excellent goût ! Armande quel charme ! Quelle volupté !

Armande, également, eut tôt fait de comprendre que Roland avait compris et joua cartes sur tables. D'abord parce qu'elle estimait que faire offense à son intelligence ne constituait pas une bonne tactique et ensuite parce que le sémillant presque sexagénaire ministre lui plaisait. Elle n'était pas créature à jeune homme maladroit et mal dégrossi, même si la vigueur du coït et la force des corps mâle la ravissaient comme n'importe femme hétérosexuelle. Elle s'autorisait d'ailleurs, à intervalles réguliers, quelques desserts qu'elle commandait d'un simple appel téléphonique dans son long répertoire. Mais les hommes plus âgés l'attiraient aussi, ceux de bonne éducation, puissants, cultivés, intelligents, prévenants, gentlemen et drôles. Elles préféraient sans la moindre hésitation la compagnie de ceux-là que celle de jeunes crétins incultes et arrogants. Question d'éducation sans doute et de sensibilité, on l'a dit.

Roland Pumas présentait toutes les qualités d'un amant idéal. Beau, les cheveux fournis mi longs, noble apparence, l'œil clair malicieux, l'esprit vif, spirituel, il avait fait chavirer bien des cœurs au cours de sa trépidante vie.

Il avait immédiatement testé Armande par quelques allusions pour savoir à quel point elle le prenait pour un imbécile. Elle avait répondu avec un naturel désarmant : « Mon cher ministre, ne parlons pas de nos employeurs respectifs. Vous et moi avons envie d'autre chose, n'est-ce pas ? » avant de laisser choir sa robe sur le parquet Versailles de son somptueux appartement pour découvrir son corps sculptural vêtu d'une lingerie chic et érotique.

Cette femme le ravissait.

Roland Pumas n'avait jamais eu comme intention d'empêcher l'essor de l'industrie nationale surtout pour servir la soupe aux américains qui ne cessaient de saper les intérêts de la France au profit des leurs. Mais l'Amérique disposait des moyens de se fâcher avec la Chine ou plutôt, la Chine, n'avait pas (encore) les moyens de se fâcher avec l'Amérique, son premier client et levier sa puissance en devenir. « Nous », pensait-il, « devons jouer de manière plus fine. » Cela Dominguez ne le comprenait qu'à moitié. Il pria sa maitresse de lui signifier qu'il travaillait aussi en direction d'ED et qu'il entendait connaitre tous les procédés déjà mis en œuvre par le groupe pour éviter tout impair. Il fut sidéré d'apprendre le montant des sommes dépensées et réclama rapidement son dû que Costello paya avec empressement, comme il paya Armande au passage, laquelle ne se sentit jamais aussi patriote de sa vie.

Il fut annoncé à Dominguez que Pumas se rendrait en Chine pour s'entretenir avec le premier ministre Li Pang et normaliser les relations sino-françaises. Le règlement de la vente des frégates serait définitivement soldé lors de la rencontre. La France avait assez concédé et les deux les pays avaient beaucoup à gagner à engager une relation apaisée. Ne serait-ce que vis à vis des Etats-Unis. La Chine avait conscience qu'elle n'était pas en mesure d'empêcher l'île rebelle de se barricader. Si ces contrats n'étaient pas accordés aux français, ils le seraient aux américains. Dans ce cas, le contrôle de la République Populaire sur le déploiement de ces armes serait nul. Avec, la France, le rapport de force lui était nettement plus favorable. Tout allait donc pour le mieux.

Le président de la République approuva les sages positions de son ministre. Séducteur patenté lui-même, il approuvait son gout pour les jolies femmes cultivées et rit avec lui des manœuvres du parachutiste.

Armande vint en Chine avec Roland et, à peine trois mois après qu'elle fut engagée, le véto de la France fut levé. A son retour, Costello, Blomet et elle, totalement ivres de bonheur et d'alcool, chantèrent à tue-tête « La Marseillaise » dans une brasserie des Invalides sous les applaudissements des serveurs amusés et incrédules devant cette scène patriotique impromptue. Eux aimaient la France et l'affichaient : sa culture, ses avions de chasse, ses frégates, ses missiles, son drapeau et ses bijoutiers.

Mais revenons aux affaires, la joie n'est intense que parce qu'elle repose sur un matelas de devises. Oui, il est préférable de péter dans la soie.

Le contrat validé par le ministre du budget socialiste comprenait 750 millions de Dollars de commissions, soit 4 milliards de Francs. De très riche, Zhang Ming devint immensément riche, mais l'écrasante majorité de cette manne ne lui était pas destinée. Si les taiwanais cupides eurent leur part ; ils avaient déjà été copieusement arrosés quinze mois durant ; la majeure partie de ces commissions revint en France dans les poches de grands partis politiques, de celles de haut personnages de l'état et de quelques obligés du pouvoir dont des dirigeants de l'industrie de la défense nationale. On laisse deviner lesquels.

Costello réclama son dû à Dominguez. Mais après que celui-ci eut appris de la bouche même de l'efficace Madame Liu que tout avait été réglé du côté chinois et que la réception du ministre des affaires étrangères avec sa charmante amie n'était qu'une formalité, il conclut que les parties de jambes en l'air d'Armande Duplessis Chaudreuil étaient fort onéreuses pour des orgasmes dont il n'était pas bénéficiaire et refusa de payer. Cette querelle commerciale et d'autres bisbilles entre dirigeant de PHF allaient bientôt faire un peu trop de bruit et intéresser une juge d'instruction franco-norvégienne, austère, intransigeante, probe et peu encline à approuver les mœurs de l'élite patronale française en matière de négociation de contrats internationaux.

Chapitre 31

Le double contrat d'armement taïwanais avait atteint un tel niveau de complexité, les sommes en jeu étaient devenues si astronomiques, les circuits financiers si labyrinthiques, l'enjeu si stratégique que la DGSE dans une note adressée au ministre de la défense, le premier février 1991, proposa, au nom des intérêts de la France, d'envoyer un agent sur les lieux pour suivre cette affaire avec attention.

Proposition que le ministre accepta.

Thierry Marchand, jeune espion, mais expérimenté, fils d'un ancien général et bref directeur de la DGSE, nommé pour « nettoyer la baraque » dans les années 80 après qu'un navire de Greenpeace fut malencontreusement coulé par le service action, fut désigné pour remplir cette mission délicate. Il ne s'agissait pas d'une faveur. Thierry Marchand, fervent patriote, avait accompli d'excellentes études dont deux années passées dans une université taïwanaise. Il parlait couramment un excellent mandarin. Il avait aussi étudié l'économie et les mécanismes bancaires et il avait commencé sa carrière affecté dans une institution financière pour parfaire ses connaissances. Après avoir animé le camp d'entrainement d'un célèbre commandant afghan dans la région chinoise du Xinjiang, il fut nommé à Pékin puis à Washington au début des années 90. Un parcours sans faute. Cependant, jugé indépendant et affairiste (il semblait avoir utilisé sa fonction pour négocier quelques contrats), le service se méfiait de lui. Mais le service se méfiait de tout le monde. Néanmoins et de manière évidente, il était la meilleure recrue possible pour une telle mission. Il partit sous la couverture de conseiller au sein de la « Direction des Relations Economiques Extérieures » (DREE) du ministère des Finances.

Le 31 Aout 1991, Taiwan acheta enfin officiellement 6 frégates Richelieu pour 15 milliards de francs.

Assez vite la machine à commission s'avéra si juteuse, si bien organisée que le contrat fut renégocié à quatre reprises avant et après les élections législatives de 1993 pour arroser tout le monde et atteindre 16 milliards de Francs dont 30% exclusivement composé de commissions rétrocédées. L'ultime avenant, en faveur de la Boulamolie, fut validé par son jeune ministre du budget, Nicolas Kovacs, pour un milliard deux cent soixante-neuf millions et cent quatre mille Francs.

Les chantiers navals de Lorient se réjouirent et se mirent immédiatement à l'ouvrage. En Septembre 1993 une délégation d'officiers taiwanais se rendit sur place pour inspecter les travaux.

Le capitaine Yin Ming, un des responsables de l'achat de matériels militaires pour la République de Taiwan et le parlementaire Chan Zhan faisait partie du voyage. Curieux, professionnel, le capitaine posa un grand nombre de questions aux ingénieurs et aux ouvriers. Il prit un grand nombre de notes sous l'œil réprobateur de son chef le capitaine Yin Kua.

Ming, officier prometteur et en vue, montra à son retour de grands signes d'inquiétude. Il avoua à sa femme, sans donner de détails, un conflit larvé avec certains de ses chefs. La confrontation dégénéra rapidement. Kua et un certain nombre de ses collègues allumèrent un contre feu accusant Ming, dans une lettre adressée au président du petit état en novembre 1993, d'avoir perçu un pot de vin de 5 millions de Dollars taiwanais dans le cadre d'un autre contrat du gouvernement avec un marchand d'armes italien.

Ming, diffamé, esseulé, rongé d'angoisse et de ressentiment décida d'un plan risqué pour laver son honneur et faire éclater le scandale.

Le 8 Décembre à vingt heures Ming provoqua Kua :

- Je vais parler à Zhao et Xu maintenant ! Ils m'attendent.
- Pourquoi vas-tu faire une chose pareille !
- Je vais exiger la levée des accusations qui me visent, tu peux venir si tu le souhaites !
- Mais tu es fou !

Zhao et Xu étaient d'honorables officiers à la retraite de l'armée taiwanaise reconvertit comme courtiers en matériel militaire et très impliqués dans les récentes initiatives de l'île pour moderniser son armée. C'est Zhao qui, intrigué, avait d'abord reçu la visite de Ming et Kua dans sa luxueuse mais discrète résidence du quartier de Xinyi.

- Que souhaitez-vous Ming ? S'enquit, un sourire narquois aux lèvres, le colonel vêtu d'un kimono de soie noire.

Ming décida de jouer son va-tout. Il attaqua avec ardeur sans aucune précaution oratoire.

- Vous avez menti à mon sujet, vous et Kua ! Je vous demande retirer vos accusations !

- Ah ah ah ! Rit, Zhao, tu devras prouver que j'ai menti, ah, ah, ah, comment feras-tu ?
- Je sais la raison pour laquelle vous avez fait cela !
- Et laquelle ?
- Vous avez été payé par les français, tous ! Tous corrompus par les français !
- Ah, ah, ah ! Il n'y a qu'un seul imbécile à Taïwan et il se nomme Yin Ming ! Tu aurais bien dû faire comme tout le monde ! Tu es seul ! Reste tranquille !
- Exactement ! Renchérit Kua. Pourquoi fais-tu l'imbécile ? Ne comprends tu pas que tout est déjà joué ?
- Je ne suis pas comme vous ! Je laverai mon honneur !
- Sors de chez moi ! Lui intima Zhao saisi d'un accès de rage, la face blanche et figée.

Sur le trottoir, Kua tenta de raisonner Ming « Que vas-tu faire maintenant ? Un nouveau scandale chez Xu ? Es-tu devenu fou ? » « Exactement ! » Répondit Ming. Kua, affolé, l'accompagna.

La réunion avec Xu livra plus ou moins le même contenu et la même colère. Après cette folle attaque verbale, Ming rédigea un rapport pour sa hiérarchie et dissimula dans son bureau les enregistrements secrets des deux conversations qu'il venait de provoquer.

Trois jours après la diffusion de sa note, celle-ci fut égarée. Les enregistrements furent retrouvés démagnétisés après la fouille méthodique de son bureau. La mer cracha son cadavre quelques heures plus tard, le 10 décembre 1993, par un matin gris dans la baie de Su'ao, sur la côte Est de l'île à une cinquantaine de kilomètres de Taipei.

La mort de l'officier suscita l'intérêt de la presse locale et un grand émoi. Bientôt quelques langues se délièrent pour parler d'un gigantesque réseau de corruption. Quelques jours plus tard, Thierry Marchand quitta brusquement son poste, s'envola pour les Etats-Unis et démissionna de la DGSE. Il fut plutôt poussé vers la sortie. Déjà son goût pour le « business », son affect pour l'Amérique et son individualisme posaient problème. Son implication à Taiwan également. Il fallait faire place nette de toute urgence.

Le capitaine Kua supérieur hiérarchique de Ming fut vite incriminé par la police comme le commanditaire du meurtre. Arrêté et jugé, il fut jeté en prison pour assassinat. Muet comme une tombe il accepta le verdict sans broncher et refusa obstinément toute remise de peine, pas plus qu'il ne fit appel de sa condamnation ou s'expliqua sur les relations qu'il entretenait avec Zhang Ming, le grand argentier de toute cette affaire.

Zhang Ming fuit Taïwan trois jours après l'arrestation de Kua pour se réfugier à Hong-Kong puis aux Etats-Unis. Recherché par Interpol, il s'installa en Grande Bretagne où sous la protection des autorités britanniques, il fut laissé en paix.

Thierry Marchand mit à contribution ses connaissances et relations pour devenir facilitateur en Afrique, continent béni des marchands d'armes, et intercéder dans la négociation de juteux contrats. Son action, notamment en Angola, suivie discrètement par ses anciens collègues et quelques autres officines convainquirent ceux-là qu'il était un fort en gueule, farouchement indépendant mais se tenait désormais à l'écart comme cela lui avait été demandé. Le voir s'enrichir était le voir se compromettre et un homme compromis se tient silencieux selon la DGSE ou tout observateur de bon sens. Néanmoins pour les services français, cet individu sans scrupule pouvait « manger à tous les râteliers » dont probablement celui de la CIA. Un crime antipatriotique pour la centrale.

A l'automne 2000, Marchand, les poches pleines et la cupidité plus aiguisée que jamais, rentra en France par surprise. Aussitôt Blomet l'apprit par ses contacts. Ce retour inquiétait alors qu'on avait intimé à Marchand, en échange de fermer les yeux sur ses affaires interlopes, de se tenir éloigner de la mère patrie. Le problème n'était pas qu'il revint mais qu'il ne tenait jamais parole.

Blomet voulut en avoir le cœur net et lui envoya un émissaire ses pieds à peine posé sur le territoire français. Marchand s'offusqua et se braqua d'une visite si soudaine et si directe. « Je vous emmerde ! » Aboya-t-il.

Blomet organisa immédiatement une réunion avec les siens et n'informa pas ses patrons dans le but de les protéger. Les participants représentaient toutes les personnes importantes ayant des raisons de suivre ce nouveau développement. Les nouvelles allaient vite dans le monde secret. L'équation était simple : X, Y, Z tous bénéficiaires de la manne des contrats ne pouvaient se permettre l'évocation de leurs noms. A aucun prix.

Marchand savait beaucoup trop de choses pour se montrer indiscipliné. Il avait travaillé étroitement avec Joël Bucher banquier et directeur de la filiale taiwanaise du « Crédit Général de France ». Celui-ci avait rédigé la partie financière du contrat export de vente des frégates avec les représentants d'ED et avec Zhang Ming. Marchand connaissait de manière détaillée les montages financiers mis en œuvre. Des centaines de comptes à « nominee » ouverts partout dans le monde accueillaient, temporairement, via une rafale d'instructions Swift quasi simultanées, les rétro-commissions avant de les redistribuer instantanément. En fin de chaine, l'argent atterrissait chez ses destinataires dont personne ne connaissait l'identité sauf quelques banquiers mutiques et quelques rares fonctionnaires dont un ou deux agents secrets.

Néanmoins, les solutions les plus extrêmes devaient être utilisées le plus tardivement possible. « Marchand n'a jamais parlé à ce jour, pourquoi le ferait-il maintenant ? » C'est autour de ce genre d'arguments que se discutait son sort. Les rapports de la DGSE étaient mitigés à son sujet : un fier à bras Marchand, toujours à privilégier la relation transatlantique au point où certains s'interrogèrent sur sa loyauté. Et affairiste, donc corruptible ou maitre chanteur en puissance. Au service de la France, certes. Mais pas seulement. C'était évident. Pourquoi n'était-il pas resté discrètement en Amérique ? Que cherchait-il ici à s'agiter en provocateur ?

Blomet le fit suivre et écouter. Ses conversations allusives avec son général de père l'inquiétaient. Il « savait » des choses affirmait-il. Il n'avait pas été « traité correctement », des « fortunes colossales » s'étaient illégalement constituées en France, dénonçait-il.

Blomet proposa « un coup de pression » à des fins d'avertissement ; une seule direction, et une seule seulement, pouvait-être suivie en France, celle que ceux qu'il servait imposaient : le silence absolu.

Alors que Marchand garait son véhicule rue Jean Goujon, dans le 8éme arrondissement où il comptait visiter un appartement, il fut percuté légèrement par véhicule à grande vitesse qui s'enfuit. Choqué et apeuré, il s'en tira avec quelques contusions.

Les choses se précipitèrent et chacun devint nerveux. Blomet proposa de conserver son sang-froid et d'envoyer un second émissaire

Quelques jours plus tard, conformément à la procédure, un agent sonda le cœur de Marchand alors qu'il marchait dans une rue de Paris. « Ca va monsieur Marchand ? Les chauffards de nos jours ! Plus personne ne sait conduire ! » « Je vous emmerde tous à ED, à la DGSE ou peu importe qui vous envoie ! » Répondit Marchand furieux. « Oh là, oh là ! Fit l'émissaire, calmez-vous ! Nous ne voulons que la paix, et vous, que voulez-vous ? » « Vous verrez bien ! Vous n'avez pas fini d'entendre parler de moi !» Répondit-il bravache. Plus grave encore, il prit attache avec un ou deux journalistes dont l'un d'un grand quotidien conservateur.

A la lecture du rapport dans lequel Marchand fut qualifié d' « électron libre incontrôlable », Blomet comprit qu'une décision dure s'imposait, et s'imposait immédiatement. Il informa oralement X, qui parla à Y et une approbation orale lui fut signifiée.

Chapitre 32

Un des amis de Marchand qui en réalité n'en était plus un, un ancien de la boîte reconverti, lui avait recommandé le nom d'un journaliste.

- A 19h00 ?
- Je suis occupé, peut-on faire cela dans la soirée ?
- Pas de souci, j'emménage dans un nouvel appartement rue Jean Goujon, j'y travaillerai tard ce soir, passez quand vous voulez.
- 21h30 ou 22h00, c'est trop tard ?
- Non, je vous attends.

Tout se passa assez rapidement, rue Jean Goujon. Les lieux avaient été inspectés quelques jours auparavant ; la serrure de l'imposante porte blindée n'avait même pas été crochetée mais le double des clés subtilisé au concierge et copié. Pour des professionnels, ce lieu, dans un vaste immeuble bourgeois très calme, présentait les conditions nécessaires à un travail propre et c'est vers cet endroit qu'il fallait s'efforcer d'orienter la proie.

Au bruit de la sonnette, Marchand ouvrit la porte sur un jeune journaliste athlétique. Alors qu'ils entamaient une bière assis sur les cartons de déménagement, deux hommes, dissimulés depuis plusieurs heures dans les placards d'une des chambre à coucher, approchèrent à pas de loup, sautèrent sur leur cible et l'assommèrent

Ensuite, tout fut rapide : dans l'obscurité, Marchand, porté par les trois hommes, fut prestement défenestré vers minuit depuis sa cuisine qui ouvrait sur la cour intérieure de l'immeuble quatre étages plus bas.

L'enquête conclut à un accident alors que Thierry Marchand fermait ses volets à 2 heures du matin dans le noir.

«Pour l'instant, rien ne permet de suspecter un homicide, conclut le chef d'enquête devant un journaliste du quotidien « Libération ». C'est sûr, on peut toujours imaginer que des agents syriens, libyens ou chinois aient fait le coup, ironisa-t-il. Certains ne veulent jamais croire qu'un agent 007 peut aussi glisser sur une peau de banane.»

Selon l'autopsie pratiquée, «la position du corps et les blessures à la tête étaient compatibles avec une chute accidentelle» du 4e étage. L'institut médico-légal de Paris «ne décela pas de lésions de défense sur ses mains, pas de trace de poussée, de contention ou de serrage. Quand un bras a été enserré par un tiers, par exemple pour jeter quelqu'un par la fenêtre, il reste des hématomes. Ce qui ne fut pas le cas.»

Néanmoins la position du corps à 4 mètre de l'aplomb de la fenêtre indiquait que Marchand avait pris de l'élan, une situation incompatible avec la tâche qu'il était supposé mener avant sa chute : fermer ses volets.

La police ne jugea pas utile de projeter un mannequin ou un sac de sable par la même fenêtre pour noter la position de l'impact.

Cette opération affola tout le monde et il fut décidé de procéder à un recensement précis pour déterminer qui était dépositaire d'informations inflammables.

Il apparut que Jacques Morion, ingénieur de l'école navale et négociateur du volet technique du contrat des frégates était l'un des derniers intervenants à avoir une connaissance encyclopédique du dossier et il fut conclu qu'il était impossible qu'il ne fut pas au courant, par ses fréquentations et certains points aigus qu'il avait eu à traiter, avec Zhang Ming notamment, des conditions particulières du financement de cette opération.

Il fut déclaré « dépressif », ce qui était d'ailleurs exact, rongé d'inquiétude depuis le mort de Marchand qu'il connaissait. Son suicide intervint en février 2001, selon le même mode opératoire que l'ex agent de la DGSE, une défenestration depuis le cinquième étage de son immeuble à Neuilly sur Seine.

8000 suicides sont à déplorer chaque année en France.

Entre-temps, au Japon, se dissimulait, ou plutôt restait discret, Jean Claude Allard, représentant d'ED à Taiwan qui avait fui l'île précipitamment dans le même avion que Zhang Ming dont il fut l'un des interlocuteurs après le décès de Yin. Le pauvre homme mourut en décembre 2000 d'un cancer foudroyant.

Chapitre 33

Octobre 2003

Dans cette ambiance délétère qui imprégnait Bonnier plus que tout autre, la présentation habile par Leroux de noms qui avaient une raison de figurer sur un listing sulfureux en lien avec des opérations de blanchiment sonnait parfaitement crédible aux yeux de l'éminent cadre dirigeant. Il lui paraissait logique, même attendu, que les personnalités citées se fussent enrichies illégalement ou qu'elles fussent capables de tout pour camoufler leur forfaits ou exercer leur vengeance. Après tout, certaines d'entre elles s'étaient déjà fait épingler par la justice pour des malversations financières.

Alors qu'une partie de ces noms n'étaient pas particulièrement familiers à Boursoufflet, pour Bonnier, ils étaient de premier intérêt. Mais, prudent, il demanda que ces informations fussent vérifiées par la seule structure capable de procéder à cette expertise : la direction technique de la DGSE. Plus précisément, il souhaitait s'assurer que l'algorithme de pénétration des ordinateurs de Clearing SA que Leroux prétendait utiliser était réel. Sage décision.

« Bien sûr » fit Boursoufflet. Mais la seule chose qu'il fit fut de demander à Leroux si ses listings étaient valables ce qu'il confirma. Alors qu'il avait affirmé au ministre dans une note que la DGSE était techniquement incapable de traiter cette source, comment pouvait-il maintenant se renier ? Et si le service confirmait les soupçons de Bonnier, ou plutôt son réflexe professionnel de penser contre lui-même, quel niveau de ridicule serait le sien ? Donc exit les informaticiens chevronnés de la direction technique de la DGSE. Trop risqué. Lui-même, déjà, avait du mal à croire que l'ensemble des noms des personnalités citées étaient impliqués dans le scandale. Il regardait son ami Bonnier avec commisération. D'un côté, il connaissait la sagacité du polytechnicien habitué à triompher de ceux qui doutaient de lui, de l'autre son instinct de survie dans le monde trouble qui était le sien l'incitait à une discrète prudence.

A cette époque, l'informatique imprégnait moins notre environnement qu'aujourd'hui. Les informaticiens constituaient une race à part, sous considérée, qui n'était pas encore aux avant-postes du contrôle de l'économie. Leur savoir était hermétique aux non-initiés et on croyait volontiers leur discours pour peu qu'il fut présenté dans le jargon adéquat : impressionnant et incompréhensible aux profanes. Les médecins ou les juristes se rendent crédibles de la même manière. Aujourd'hui, il serait inconcevable de laisser un hacker livrer des renseignements de première importance sans s'assurer qu'il est capable de faire ce qu'il prétend.

Devant la ministre de la défense et son directeur de cabinet, Boursoufflet rendait compte régulièrement, parlait de révélations financières « incandescentes » à propos de rétro-commissions versées en France ce qui n'étonnait personne dans un tel ministère. Il avait même suggéré d'écrire une note

« avec précaution » pour le chef de l'état et s'interrogeait dans le même temps sur la véracité des documents fournis comme des motivations de sa source. Autant de signaux d'alerte subliminaux qui incitèrent la ministre à jouer les spectatrices dans le drame qui s'annonçait. « Boursoufflet », se disait-elle, « un politique comme les autres. »

Boursoufflet signifia à Bonnier qu'il refusait désormais de mêler la DGSE à cette affaire. Il argumenta sur la situation actuelle de Leroux vis-à-vis des services et subodora leur probable manque de neutralité face à la lecture d'une liste de noms si sensible. Naturellement cet argument fit mouche dans le cerveau préparé de Bonnier. Boursoufflet s'éloigna à pas discrets pour se tapir dans l'ombre. Il pressentait qu'une grenade avait été dégoupillée et qu'elle était déposée dans la poche du cadre exécutif d'EDA et supposé ami. Il devait se prémunir de possibles dégâts collatéraux. C'est ainsi que l'on nomme la trahison chez les militaires.

Chapitre 34

Janvier 2004

Jean Louis Bonnier marche le long des quais de Seine ; le fleuve gris-vert coule paresseux et le soleil refroidi jette ses rayons sur ses eaux qui les renvoie en éclats brisés sur la coque des bateaux mouche. Les marronniers et les platanes déplumés se dressent sobrement en sentinelles impassibles sur le chemin des promeneurs. L'hiver est doux mais un vent léger et frais les fait frissonner par intermittence.

Cela fait plusieurs semaines que les informations révélées par Leroux le hantent. Un réseau de corruption dont tout le monde parle et dont il détient une des clés, gangrène la France. Que doit-il faire d'un tel fardeau ?

Dans sa promenade à contre-courant, il dépasse le pont de l'Alma, puis celui des invalides, pour arriver au pont Alexandre III face au Quai d'Orsay : le ministère des affaires étrangères, son ancienne maison.

Il y connait son monde à commencer par son ministre dont il fut le patron et qui est maintenant un ami proche. Après un court instant de réflexion mais qui en réalité était le fruit d'une lente germination engagée il y a des semaines, il se présente à l'accueil, demande si le ministre est disponible et, tout de suite, celui-ci le reçoit. Ce qui est impossible au commun des mortels est naturel pour Bonnier, une des éminences grises les plus écoutée de la capitale.

Dominique de Valinques, aristocrate de robe, grand, mince, athlétique, beau, long nez droit, cheveux fournis poivre et sel, œil bleu, énarque flamboyant aux ardentes convictions républicaines, centriste forcené, discoureur au verbe haut, fut nommé ministre parce qu'il avait la réputation d'être brillant, ce qui à cette époque en France signifiait de ne rien défendre qui ne fut dans les faits conventionnel sous une apparence d'audace.

Les deux hommes se congratulent, s'entretiennent des nouvelles les concernant, de la mort bien triste de Jean Luc Langsade en mars dernier, de la guerre en Irak à laquelle la France venait de s'opposer vigoureusement par la voix tonnante de De Valinques lors d'un discours resté fameux aux Nations Unies.

Bonnier dissimule difficilement sa nervosité mais Dominique de Valinques n'y prête pas attention, d'abord parce qu'il est nerveux aussi, toujours à gesticuler, à mouliner ses longs bras, à arpenter son bureau en exposant ses vues géostratégiques, ensuite parce que ce qui ne le concerne pas ne l'intéresse pas.

- Dominique, fait Bonnier, il m'est arrivé une histoire extraordinaire avec notre ami Boursoufflet.
- Avec Boursoufflet ? Vraiment ? Fait le ministre interloqué, quel genre d'histoire ?

Dominique de Valinques connait Boursoufflet de longue date, pour l'avoir côtoyé au CP et avoir suivi son extraordinaire carrière de chasseur de terroristes au service de la patrie. Peu avaient de l'ascendant sur lui, Boursoufflet et Jacques Chirac faisaient partie de ceux-là.

- Nous avons engagé une source de la DGSE, mais que Boursoufflet traite maintenant directement et dont le rôle est de donner des informations sur les circuits de financements moyen-orientaux des réseaux terroristes.
- Continue, fait le ministre intéressé.
- Cette source est un ancien trader. Très expérimenté. Et dans le cadre de ses investigations, il a pénétré la centrale de compensation « Clearing SA » peut-être ce nom te dit-il quelque chose ?
- Oui, n'est-ce pas cette institution dont le journaliste, quel est son nom déjà ?
- Dubois
- Oui Dubois, il en a parlé, il a même témoigné devant la représentation nationale dans le cadre de la commission d'enquête sur la délinquance financière si mes souvenirs sont exacts.
- Ils le sont. Cette chambre de compensation semble tenir une sorte de comptabilité parallèle dans laquelle elle dissimule des comptes et cette liste, via une pénétration des ordinateurs de Clearing SA, a été récupérée par notre informateur.
- Et ?
- Ecoute, je ne sais pas comment te le dire mais les noms suivants y figurent : Dominique Strasse Kohn, Jean Pierre Avènement, Georges Kaltman, Alain Dingue, Alain Patelin, Bernard Pietri, Herbert Lalcone du contrat d'armement angolais, et d'autres encore.
- Ces noms-là ?
- Oui, ces noms

De Valinques marque un temps d'arrêt devant des révélations aussi brulantes. Il ne pose aucune question sur la manière dont se présente le listing par exemple, ou la profusion de personnalités compromises, ou la raison pour laquelle tel nom se trouve au côté de celui d'un marchand d'armes, ou le fonctionnement d'une chambre de compensation supposée n'accueillir que des comptes professionnels, ou la manière dont un trader isolé pénètre les systèmes ultra sécurisés d'une institution financière ou la façon dont ses propos ont été vérifiés. Il élude tout élément qui pourrait sembler étrange, toute remise en question du récit qui lui est fait, le doute ne semble pas l'habiter, au contraire. A sa décharge, Bonnier, moine soldat au service de la patrie, a la réputation d'être un des hommes les plus fiables de la République et le ministre connait aussi les coulisses puantes qu'emprunte l'argent aux services des puissants. Enfin, Boursoufflet est pour tous un « maitre espion ».

- Oui, dit-il, je connais ces opérations de blanchiment, se vante-t-il arrogant et d'un ton désabusé. Tu sais d'où je viens, je ne suis pas étonné. Des sommes considérables transitent dans l'ombre dans les poches de quelques corrompus. Nos pratiques génèrent ce genre de mouvements financiers et il serait bien naïf de croire que le phénomène ne nous toucherait pas nous aussi. Qui touche à l'argent se salit les mains ! Enfin, tu sais cela aussi bien que moi.
- Mais tu sais, il y a aussi un nom qui t'est familier. Enfin plus particulièrement.
- Lequel ?
- Nicolas Kovacs, sous le nom hongrois de son père : Burchard-Bélaváry.

Bonnier avait réservé sa petite surprise pour la fin. Après tout, lui aussi était capable de ménager ses effets.

Kovacs était dans le camp des traîtres. De ceux qui furent dans l'entourage intime du chef, au cœur de la meute et, qui, séduits par les sondages, rejoignirent le premier ministre félon en 1995. De Valinques était resté fidèle à Jacques Chirac et avait combattu avec une poignée de fidèles à renverser le cours d'élections soit disant jouées d'avance.

Après la victoire, la guerre fut engagée contre les renégats. Chirac avait ordonné une fouille méthodique de tous les dossiers. Il ne suffisait pas qu'ils fussent battus, il fallait aussi qu'ils fussent aussi affaiblis et menacés. Nous y reviendrons. Une guerre historique dans l'histoire politique de la cinquième république. Mais Kovacs, adoré du peuple de droite, avait su s'imposer comme une personnalité de poids au sein du parti. Ses ennemis, il vaut mieux les avoir à ses côtés et sous contrôle plutôt qu'à l'extérieur, libres et hostiles. C'est pour cette raison que le vibrionnant ministre fut nommé. Par simple choix tactique. Afin d'éviter que dehors, seul, et fort de la sympathie qu'il suscitait à l'époque face au vieux lion démonétisé, il ne fasse exploser le parti et s'impose comme nouveau chef.

Tout opposait De Valinques à Kovacs, le style, agité pour les deux hommes, certes, mais au service d'envolées lyriques humanistes pour l'un et de propos martiaux et brutaux pour l'autre. L'orientation politique : à droite toute pour le ministre de l'intérieur et centriste pour celui des affaires étrangères. Le gaullisme de l'un contre l'atlantisme de l'autre. Une exposition de lui-même tapageuse et vulgaire pour Kovacs, une éducation élitiste retenue et hautaine pour de Valinques. Rien ne les rassemblait. Finalement, il était peu étonnant de les retrouver dans des camps opposés dont ils étaient chacun le leader. Ils se haïssaient et, dans un climat volcanique, ils étaient devenus chacun la constante obsession de l'autre.

A l'époque chacun subodorait chez les exégètes de la politique nationale que le pouvoir suprême après le départ du vieux président était promis à trois hommes : ces deux-là et le chef du parti conservateur, ancien premier ministre, ensablé dans un affaire judiciaire d'emplois fictifs à la mairie de Paris, le chouchou du président, « le meilleur d'entre nous » disait-il, déjà légèrement gâteux.

A l'évocation de son ennemi politique, De Valinques bondit de son fauteuil secoué par une agitation frénétique, il se met à marcher de long en large sur l'immense tapis persan disposé de son vaste bureau. Il mouline des bras, l'air hirsute et le regard enfiévré.

- Tu es certain de cela ? Tu as vu son nom ?
- Oui, fait Bonnier au côté de ceux qui se sont occupés du contrat taïwanais, les numéros de comptes se suivent. Tous les noms des personnalités sont en partie dissimulés, ouverts sous leur second prénom, nom de jeune fille, etc. Nicolas Burchard-Bélaváry. Il n'y en pas 36 !
- Mais enfin ! Qu'as-tu lu ? Burchard-Bélaváry ?
- Oui, oui, le nom de son père.
- Mais, est-ce un homonyme ?
- « Nicolas, Charles, Burchard-Bélaváry » ? A ton avis ?
- Incroyable ! Incroyable ! Je le savais ! Je le savais !

Kovacs de son nom complet Kovacs de Bélaváry prétendait descendre d'une famille de vielle noblesse. Son père aimait à dire qu'il était affilié de l'illustre famille Burchard-Bélaváry à qui voulait l'entendre.

Après avoir tourné autour de son bureau à deux ou trois reprises à pas rapides, marmonnant en lui-même, il se met à débiter des aphorismes de son cru : « La pomme pourrie de la politique doit être cueillie bien mûre et écrasée ! » ou « Il ne sera pas dit au monde que la France est dirigée par des hommes sans honneur ! » ou « La bravoure première est la recherche de la noirceur de la vérité ! » et quelques autres de la même veine. Désarçonné, Bonnier l'observe mutique, sidéré d'avoir provoqué un tel effet.

Un peu calmé, De Valinques se rassied et plante son regard bleu métallique dans celui de Bonnier.

- Ecoute, dit-il ton histoire m'intéresse ! Rédige moi une note sur Clearing SA et tes découvertes, je la transmettrai au président. S'il souhaite suivre cette affaire, nous organiserons une réunion avec toi et Boursoufflet. Sinon tu continues avec le ministre de la Défense et tu n'entendras plus parler de moi.

Ainsi se séparèrent-ils.

Le lendemain de retour à son bureau, ne sachant comment rédiger un tel document, Bonnier convoqua Leroux. Qui d'autre pouvait-il appeler pour l'épauler ?

- Vincent, lui dit-il, j'ai vu le ministre des affaires étrangères. Nous devons lui remettre une note – mais vous pouvez imaginer qui va la lire aussi – sur nos récentes découvertes. Nous allons la rédiger de concert.

Vincent Leroux, traversé d'un sentiment trouble de profond contentement et d'inquiétude mêlés, totalement abasourdi par un tel développement répondit sobrement : « Naturellement Jean Louis ». Son sang stressé sonna la charge avec violence et il dut se réfréner pour ne pas reprendre la cocaïne.

Chapitre 35

De : Jean Louis Bonnier[11]

A : Dominique de Valinques

Re : Clearing SA

Date : 20 janvier 2004

Confidentiel, remis en main propre

Clearing SA est une chambre de compensation qui sert à la fois de « facteur » qui transporte de l'argent ou des valeurs mobilières quand ils changent de mains et également de « notaire » de ces opérations dont elle conserve soigneusement la trace pour ses clients en cas de contestation. Cette coopérative bancaire a été créée en 1971 pour faciliter les échanges internationaux sur les marchés financiers d'actions et d'obligations. Totalement opaque, pratiquant des méthodes très contestables, Clearing SA a avoué en janvier 2001 deux erreurs comptables pour un montant de 1,7 trillons sans que personne ne s'en émeuve.

Le principe d'une chambre de compensation est de permettre aux clients de se connaitre pour s'adresser

[11] Reproduction d'une note rédigée par Jean Louis Gergorin et transmise au ministre des affaires étrangères.

mutuellement leurs ordres de transferts et de règlement. Historiquement la liste des clients est transparente. Elle est publiée dans un annuaire édité par Clearing SA. Il s'agit des « comptes publiés ». Au début des années 80, l'institution financière a accepté de créer des « comptes non publiés ». La liste de ces comptes n'est accessible que par l'intermédiaire d'une procédure informatique connue du seul président de Clearing SA. Ces comptes n'apparaissent pas dans la comptabilité consolidée de l'entreprise mais dans une comptabilité parallèle permettant de maintenir l'anonymat des dits comptes.

Ces comptes s'établissent selon un double procédé :

Des comptes dit «Reserved Mail Box account » qui sont des comptes non publiés ouverts au sein de la chambre de compensation directement. Ils n'ont aucune communication directe avec des comptes extérieurs à la chambre et ne peuvent transférer argent et valeurs mobilière qu'à des comptes ouverts dans les livres de Clearing SA.

Des comptes dit « Dual Account » qui sont un ensemble composé de deux comptes : le premier, non publié, ouvert dans les livres de la chambre de compensation et le second ouvert par la chambre dans une banque de son choix comme compte secret qui ne connait comme bénéficiaire que la chambre elle-même.

Par ces outils, Clearing SA peut recevoir et transférer anonymement des fonds considérables sans que jamais le nom des donneurs d'ordres ou des destinataires n'apparaisse autre part que dans sa comptabilité dissimulée.

Par des opérations d'intrusion au cœur même des serveurs de la chambre de compensation, nous avons récupéré un document appelé « DS_PRO_ACCOUNT » qui est un extrait de l'annuaire occulte de la Clearing SA. Y sont mentionnés, le numéro de compte à la chambre de compensation et le cas échéant le numéro de compte chez le correspondant bancaire, la date de création, la domiciliation fiscale, et la qualité de crédit du compte.

Par ailleurs nous avons accès au document « Result_EM_unk_transaction_data » qui est un récapitulatif des transactions effectuées par les comptes occultes. Y sont mentionnés : le nom de l'émetteur des fonds et des titres transférés, le nom du récipiendaire, les montants, nom et nature des titres, les dates de valeurs, ainsi que l'instruction SWIFT ou équivalent qui est la signature du transfert de cash.

Bien que la description de ces processus et les documents en notre possession ne constituent pas des preuves judiciaires, il s'agit de preuves absolues dans la mesure où elles sont extraites du serveur d'archives de la chambre de compensation. Néanmoins, leur divulgation serait catastrophique car elle nous priverait d'un instrument de renseignement en temps réel d'une valeur inestimable.

Chapitre 36

Le ministre des affaires étrangères bien avant la réception de cette note technique qui attestait du sérieux des informations divulguées par Jean Louis Bonnier, était devenu totalement obsédé par les révélations qui lui avait été faites ; elles avaient dévoré son esprit à une vitesse fulgurante quelques jours à peine après que la graine y fut plantée.

La rivalité qui l'opposait à Nicolas Kovacs était de notoriété publique. Pour succéder au vieux président, Dominique de Valinques avait la faveur du chef de l'état depuis que son ancien premier ministre avait été condamné par la justice en janvier. Nicolas Kovacs avait celle des sondages après son médiatique parcours comme ministre de l'intérieur au cours duquel, à coups de mentons et d'apparitions télévisuelles calibrées, il prétendit avoir régler les problèmes d'insécurité du pays. Jacques Chirac détestait son ministre, il détestait qu'il participa à la trahison de son camp dont il fut une des figures centrale, il détestait qu'il fut si proche de sa fille, il détestait sa vulgarité – lui était seulement grossier, parfois, mais en privé - il détestait avant tout sa vision simpliste, droitière, tapageuse et étriquée de l'exercice du pouvoir. En synthèse, il pensait que Nicolas

Kovacs était un imbécile et son agitation de l'esbroufe efficace pour donner de lui l'image de l'homme providentiel que la droite, religieuse par essence, attendait depuis si longtemps. Foutaises !

Quand son favori lui apporta sa conviction qu'il « avait en sa possession des éléments financiers contre Nicolas Kovacs », Jacques Chirac ne fut pas étonné, lui qui passa la majeure partie de son existence à vivre et faire vivre sa formation politique par la collecte et la dissimulation de fonds d'origines douteuses, et l'assura que tout ce qui était disponible « pour tirer la chasse sur cette petite merde » était bon à exploiter. Sage, il ajouta qu'il « fallait se méfier de possibles manipulations ». Il avait de la bouteille, le vieux.

« Un bon scandale, bien juteux pour dessouder le petit con !» pensait De Valinques influencé à son tour par le vocabulaire du chef. « Voilà ce qu'il me faut ! »

Aussi fut-il prompt à organiser la réunion promise avec Boursoufflet et Bonnier trois semaines plus tard.

- La corruption internationale est la gangrène de notre monde, commença-t-il la réunion d'un ton fracassant. Elle représente un danger équivalent aux défis écologiques ou à l'émergence de puissances potentiellement hostiles !

Puis il enchaina.

- Messieurs, le président de la république est informé de ces turpitudes et il nous enjoint de faire éclore la vérité ! Ce sont ses mots messieurs !

De Valinques se mit à marcher d'un pas saccadé et à discourir ; le verbe haut et la vision planétaire. Il voyait son destin héroïque et mondial :

- Moi, et d'autres que moi, saurons nous dresser contre les forces qui obscurcissent l'humanité ! Le devoir de l'homme politique - au sens noble – grec ! – au service de la cité – est de se lever face à l'ennemi d'où qu'il vienne et de dire « Non » comme le firent Périclès et le Général De Gaulle !

- Donc, j'ai à ton intention le compte suivant sur le listing de « Clearing SA » tenta de le recadrer Bonnier, Nicolas Burchard-Bélaváry, un compte couplé, c'est-à-dire un compte secret et un compte ouvert dans une institution bancaire. Ici, comme tu le vois. Et il lui tend un document sur lequel un lien est fait avec une banque domiciliée dans le micro-état de Saint Marin.
- Je vois, je vois ! Répondit surexcité le ministre. Mais ce n'est pas suffisant ! Lança-t-il le doigt en l'air sur un ton d'imperator. La question que je te pose - au nom des intérêts de la France ! – est celle-ci : peux-tu détailler l'intégralité des mouvements de ces comptes ainsi que leurs contreparties depuis leur création ?
- Je vois où tu veux en venir ! Fit Bonnier saisit par la pertinence de cette requête. Eh bien, disons, qu'étant donné que Clearing SA tient un registre exhaustif de toutes les opérations effectuées par son intermédiaire, je pense que cette information peut être reconstituée.
- Parfait, parfait ! Si cette chambre de compensation conserve la trace de tous les transactions et a été le siège de ces malversations, nous devrions être en mesure de dresser un tableau exhaustif des dix dernières années de la corruption française. Voilà, la portée de cette découverte !
- Oui, fit Bonnier, subitement pris de vertige, en théorie tu as raison, tu as tout à fait raison !
- Par ailleurs que savons-nous de la véracité de ce que raconte votre source, son nom déjà ?
- « Oasis », répondit Boursoufflet.

- Oui, Oasis, il faut faire vérifier ces documents par la direction technique de la DGSE.
- Avec Kovacs dans les listings Dominique ? Observa le général.
- Oui, effectivement. Effectivement ! Tu as raison, mieux vaut garder le secret entre nous, rectifia-t-il.

A l'exception de cette remarque, le général Boursoufflet demeura silencieux tout l'entretien se contentant seulement de souligner qu'il fut celui qui recruta « Oasis » source exceptionnelle au service de la nation.

Le soir dans ses carnets secrets, il nota lapidaire :

« 9/01 compte couplé Kovacs ? / Nicolas Burchard-Bélaváry / à préciser »

Cependant, pour enfoncer le clou et écarter définitivement les renseignements extérieurs, il fit parvenir une note à Dominique de Valinques le 30 janvier.

« Grâce au travail de recherche de notre source, nous avons, semble-t-il, mis au jour une structure intéressante. Elle paraît cohérente, s'agissant en particulier de certaines actions de nos Services à des fins condamnables, comme cela a été condamné dans l'affaire que nous avions traitée ensemble (allusion à un pseudo compte nippon dont le chef de l'état aurait été bénéficiaire et qui fut une supercherie ourdie par des agents de la DGSE aux ordres de ses adversaires politiques). Il convient certes d'agir avec prudence, dans un cadre secret, en tenant compte d'éventuelles manipulations politiques, selon les propos du Président, tels que tu les as rapportés. » [12]

C'est ainsi que Vincent Leroux, trader déchu et gestionnaire marron fut mandaté par le ministre des affaires

[12] Reproduction d'une note du Général Rondot adressée au ministre des affaires étrangères.

étrangères, le directeur de la stratégie d'un des plus gros groupes aéronautique mondial et le conseiller pour le renseignement du ministre de la défense pour dresser l'acte d'accusation du ministre de l'intérieur et de l'élite politique et industrielle de la France.

Après avoir absorbé fébrilement un rail de cocaïne, hanté par sa mission, face un miroir qui renvoyait son visage épuisé, il déclara maître de lui : « Y'a pas de problème ! »

Chapitre 37

Février / Mars 2004

Pour établir son personnage de hacker chevronné et gagner du temps, Leroux prétendit qu'il travaillait avec acharnement à récupérer les transactions financières des comptes suspects. Il avait effectivement besoin d'un peu de recul pour livrer des « preuves » convaincantes.

Après la perfection de ses connaissances par la lecture d'ouvrages spécialisés, d'enquêtes journalistiques mal menées, de spécifications techniques fournies par des anciens collègues, et les données déjà en sa possession, il créa, à la manière d'un artiste un fichier dit d' « informations brutes » qui contenait des opérations recherchées : de superbes successions de lettres et de chiffres découpées en 34 paramètres sur un fichier Excel. Un somptueux ouvrage composé de 8 265 transactions sur plus de 30 000 comptes référencés qui par sa masse ne pouvait qu'impressionner et convaincre son patron.

Donnant cours à son imagination débridée Leroux, en hommage à Marlène, attribua un compte à l'actrice et ex super modèle, Laetitia Orsoni, à qui sa maitresse ressemblait.

Une manière de signer son œuvre et aussi sans doute inconsciemment d'arrêter la machine : « Hé ! Bandes d'imbéciles ! Ne voyez-vous pas que tout cela est grotesque ? Ne manque plus que la Pape comme client de Clearing SA ! » semblait-dire son document pour qui ferait preuve de sens commun.

Mais pas Bonnier, plus Bonnier, qui avait lâché prise, abandonné toute suspicion, tout esprit critique depuis longtemps, le cerveau mangé par son subalterne. Il ne s'offusquait plus de la présence du tout Paris dans les listings présentés, se livrait au contraire à leur examen attentif et posait de questions qu'il jugeait perspicace et qui lui étaient au fond suggérées. "Et ce compte qui suit toujours celui de « Burchard-Bélaváry », « NMO » à qui peut-il appartenir ? » « Mais de manière évidente à Norbert Montfort, le directeur de cabinet de Nicolas Kovacs, de la même manière que le compte de Blomet suit celui de Dominguez » répondait Leroux d'un ton doctoral mais courtois. Il était totalement shooté pendant cette période, prêt à toutes les audaces.

« Euréka ! » Exulta De Valinques à l'annonce de la nouvelle. Les preuves s'accumulaient, « Le petit roquet vulgaire » était « fait comme un rat » « Le roquet devient un rat ! Les croisements de sous-races parasites lui conviennent parfaitement à l'agité en Rolex ! » se réjouissait-il.

Quelques semaines plus tard, Leroux produisit un document dans le lequel le nom de Nicolas Burchard-Bélaváry apparaissait au côté des paramètres complétés de comptes domiciliés en Suisse et à Saint Marin. Parmi les informations disponibles, figurait leur date d'ouverture : le 31 octobre 1994.

Chapitre 38

Une date choisie à dessein qui renvoyait à la guerre des droites fratricide entre chiraquiens et boulamoliens. Une guerre plus sombre, plus âpre que l'image qui en fut donnée par les médias à l'époque. Derrière la façade, les pièces obscures.

Le scénario est bien connu : en 1993, la gauche perdit les élections législatives et Edouard Boulamole fut envoyé représenter son patron Jacques Chirac qui se ménageait dans l'ombre pour la conquête du pouvoir suprême en 1995.

Bientôt, on l'a dit, Edouard Boulamole décida de se présenter contre son mentor. Or il n'avait pas accès aux finances du parti conservateur dont il était membre et contrôlées par les chiraquiens mais il détenait avec les siens le pouvoir exécutif. Charles Grimaldi était à l'intérieur, François Dupuis à la Défense et Nicolas Kovacs au budget avec, comme directeur de cabinet, Norbert Montfort.

Des négociations engagées avec le Pakistan depuis deux années pour la fourniture de trois sous-marins d'attaque de classe « Mangouste » à propulsion diesel électrique arrivaient à leur terme à point nommé. Le 21 septembre 1994 un contrat d'une valeur de 5.4 milliards de francs fut signé par François Dupuis et son homologue pakistanais représentant la première ministre issue d'une famille influente de politiciens et de militaires.

Le premier sous-marin fut réalisé à Cherbourg et livré en Août 1999. Le second fut assemblé à Karachi dans le cadre d'un accord de transfert de technologies.

En novembre de la même année, un contrat spectaculaire, « Sahara II », fut également signé pour la vente de trois frégates de type « Richelieu » à l'Arabie Saoudite pour la somme record de 19 milliards de francs.

Les chiraquiens rompus aux bonnes vieilles méthodes soupçonnaient le versement de rétro-commissions à la Boulamolie. Soupçons qui étaient des certitudes ; les hommes du chef avaient construit au cours des précédentes décennies un vaste de réseau d'informateurs pour connaitre les vérités secrètes. Ils n'étaient pas naïfs. Comment Boulamole arrivait-il à faire campagne ? Comment payait-il ses couteux meetings ? Ils avaient appris avant les juges que les comptes du félon avaient été alimentés de 15 millions de francs et que 5 autres millions avaient été versés à une société en charge de la sécurité de la campagne. Ce n'était pas la vente de quelques tee-shirts à l'effigie du premier ministre qui permettait de telles recettes.

En 1995, Jacques Chirac arracha en conquistador le pouvoir et renversa la table.

Dominique de Valinques, fidèle parmi les fidèles fut nommé au poste stratégique de secrétaire général de l'Elysée et le grand ménage commença. Charles Guillon, grognard de la Chiraquie, fut catapulté ministre de la défense avec comme mission première de « moraliser les grands contrats » c'est dire de couper les pompes à finance de l'ennemi.

Les sociétés luxembourgeoise « Reine » et « Europort » avaient été créées par la DNA pour récolter et ventiler les commissions des contrats saoudiens et pakistanais. Leur constitution fut validée par Nicolas Kovacs sous le précédent gouvernement. Au total 33 millions d'euros promis aux intermédiaires.

Guillon saisit la DGSE pour se faire livrer les informations nécessaires. Les services du renseignement extérieur remontèrent le fil des rétro-commissions à travers plusieurs banques et comptes de sociétés offshore créées pour l'occasion. Mais l'enquête se heurta vite à l'opacité des échanges financiers entre paradis fiscaux. Les fonds luxembourgeois allaient se loger dans des sociétés domiciliées à l'île de Man et aux Seychelles dont les récipiendaires véritables étaient camouflés derrière des prête-noms. Evidemment, après s'être réfugiés derrière cette première barrière protectrice, les fonds transitaient par d'autres sociétés off-shore pour se perdre définitivement dans les méandres de la finance mondialisée. Choux blanc pour la DGSE.

C'est souvent ainsi et la situation est cocasse : les enquêteurs disposent de la trace de l'origine des fonds puisque l'état organise le versement des commissions et ils disposent aussi du nom du récipiendaire final et d'une évaluation du montant des sommes reçues. Ce qu'ils n'arrivent jamais à reconstituer, en revanche, est le circuit complet qui mène l'argent du point A au point Z.

Une chose était certaine, si Guillon ne savait pas à qui profitait l'argent de manière précise, il savait que « Reine » et « Europort » devaient encore verser des sommes aux intermédiaires désignés par le clan Boulamole. Il dénonça brutalement les contrats et ordonna de stopper ces paiements.

Cette initiative est contraire aux normes de la finance souterraine. Aucun état développé ne manque à sa parole. Les contrats résultent de longues et précises négociations, au cours desquelles, sur des documents annexes tous frappés du « secret défense », parfois sous la forme de simples lettres d'intention, sont détaillés les mécanismes des commissions négociées en parallèle de l'ensemble des éléments officiels. Le fait que cet aspect de l'accord soit secret n'autorise pas une des parties à le remettre en cause.

Fureur chez les intermédiaires au Pakistan et en Arabie. Mais cette colère fut ignorée. A cette époque, la cote de popularité du président de la république chutait lamentablement et, fort bien conseillé par son visionnaire secrétaire général, il décida de dissoudre l'assemblée nationale comme on joue au poker. Raté, il ne fut pas servi d'une quinte flush mais d'une lamentable déroute. Le pouvoir exécutif changea de main pour la Socialie, exit Guillon. La vendetta contre la Boulamolie fut stoppée en plein élan.

Le nouveau premier ministre, personnalité austère, probe et ex-trotskyste se dépêcha de ratifier la convention de l'OCDE contre la corruption en l'an 2000. Un bouleversement dans le monde gris de la finance autour des grands contrats que ce texte qui interdisait désormais tout acte de corruption d'agents publics étrangers. Les industriels et les états devaient s'adapter. Tout était toujours possible, mais tout était toujours plus compliqué. Les industriels protestèrent, sauf Langsade, habile conseiller du premier ministre à qui il démontra que l'avenir de l'industrie française de l'armement ne pouvait s'opérer sans la création de géants capable de contrer les Etats-Unis. Un mouvement qui était déjà en action et dont la nécessité avait été approuvée par tous mais qui fut accéléré par les socialistes et pour le bénéficiaire que l'on sait.

Chapitre 39

Le 8 Mai 2002, une violente explosion détruisit un bus sur les chantiers navals de Karachi dans lequel se trouvaient des ingénieurs français de la DNA détachés sur place pour superviser la construction du sous-marin numéro 2 du contrat pakistanais. Sur les 14 personnes tuées ce jour, 11 étaient françaises.

Les autorités pakistanaises attribuèrent immédiatement l'attentat à « Al Qaeda », la nébuleuse terroriste d'Oussama Ben Laden.

« Ce crime est monstrueux déclara le président de la république aux funérailles des victimes par une après-midi orageuse à Cherbourg, ses auteurs seront punis, nous ne cèderons ni à la menace ni au chantage ! »

Loin de la justice ordinaire et de ses enquêteurs, la DNA missionna Claude Fievet, ancien membre de la Direction de la Surveillance du Territoire, fin limier et patron d'une officine de renseignement particulièrement discrète et efficace. Fievet choisit un nom de code, « Neptune », comme il est d'usage pour ce genre de travaux. Très bien informé, il rédigea une note du même nom quelques mois seulement après l'attentat.

« Neptune / Septembre 2002.[13]

Après de nombreux contacts, tant en Europe qu'au Pakistan, nous parvenons à la conclusion que l'attentat de Karachi du 8 Mai 2002, a été réalisé grâce à des complicités au sein de l'armée et au sein des bureaux de soutien aux guérillas Islamistes de l'ISI.

Les personnalités militaires ayant instrumentalisé le groupe islamiste qui a mené à bien l'action poursuivaient un but financier. Il s'agissait d'obtenir le versement de commissions non honorées et promises au réseau El Assar lors de la signature du contrat en septembre 1994.

L'annulation du versement de ces commissions avait été décrétée en 1995, à la suite de l'alternance politique en France, et visait à assécher les réseaux financiers occultes de « l'Association pour le Changement » d'Edouard Boulamole. Le financement singulier de l'acquisition de ces sous-marins par le Pakistan, grâce à un portage ordonné par la famille royale saoudienne, a longtemps laissé supposer un arrangement amiable concernant le non-paiement de commissions. Les liens entre le président français et les dirigeants saoudiens le permettaient théoriquement. Cependant, la décision du 12 janvier 2002, du président pakistanais de stopper le financement des guérillas islamistes au Pakistan a rompu cet équilibre localement conduisant plusieurs chefs militaires à choisir un mode d'opposition fondée sur la violence politique.

Au Pakistan Abdul Rahman El Assar a planifié l'enrichissement du clan Butha au terme d'un accord entre les deux époux (la première ministre et son mari). El Assar a acheté les bonnes grâces du chef d'état-major de la Marine, Mansour Zayed, comme l'ont montré les récentes

[13] Reproduction presque à l'identique (noms modifiés) de la note « Nautilus » rédigée par Claude Thévenet, ancien agent français du contre-espionnage.

investigations menées contre lui à Islamabad (interpellé en 1997 aux USA et extradé vers le Pakistan). Cependant, il ne s'agissait pas d'un simple acte d'enrichissement personnel. Le général Zayed se servait de ce type de contrat d'armement pour dégager des crédits pour financer les guérillas islamistes du Cachemire et de la zone tribale, comme l'ont fait la plupart des officiers supérieurs intervenant sur les achats de matériels militaires (ces informations nous ont été confirmées par plusieurs enquêteurs des Nations Unies travaillant au Pakistan et en Afghanistan). Le général Zayed a, en particulier, utilisé ce contrat pour libérer des fonds pour le bureau des affaires afghanes de l'ISI que dirigeait Aziz Mayoub. Ce bureau a été en particulier à l'origine du recrutement à Londres, par le poste de l'ambassade, du chef islamiste Cheikh Omar Saoud (information confirmée par un cadre du Foreign Office qui cite un rapport du MI6). Ce leader religieux considéré comme un défenseur de la cause islamiste à la solde des militaires de l'ISI se sent trahi par la décision du dirigeant Pervez Mustapha du 12 janvier 2002 de suspendre le financement des mouvements radicaux. L'attentat de Karachi a été perpétré deux jours avant l'ouverture du procès d'Omar Saoud.

En France, le réseau El Assar a eu pour principal fonction d'assurer le financement de la campagne d'Edouard Boulamole. Après l'échec de sa candidature au printemps 1995, ce financement a été transféré à « l'Association pour le changement », située au rez-de-chaussée, 41 rue Pierre Charron à Paris, et destinée à poursuivre l'action des Boulamoliens. Les valises d'argent étaient déposées à la boutique Arci située à la même adresse avant d'être réceptionnées à l'étage supérieur.

En septembre 1995, Charles Guillon ordonne de cesser toute rémunération du réseau El Assar. Ce revirement a eu pour conséquence, à plusieurs reprises, l'envoi de messages menaçants à des fonctionnaires français de la part de ressortissants libanais.

L'attentat de Karachi suit plusieurs avertissements adressés localement au personnel diplomatique en charge des questions militaires. On a notamment retrouvé une bombe disposée sous le véhicule de l'épouse d'un fonctionnaire, au mois de février 2002, sans que le détonateur ait été préalablement actionné.

Nous avons pu confirmer par des sources diplomatiques et judiciaires locales que les dégâts occasionnés résultent du placement d'une mine magnétique sur le bus, à l'endroit précis où la camionnette contenant des explosifs s'est collée à celui-ci. Ce modus operandi plaide pour une participation des correspondants du bureau afghan de l'ISI. Ce dernier, lâché par le pouvoir politique depuis janvier 2002, recherche ses propres moyens de financement et entreprend de traiter les 'dossiers impayés' »

Une note soigneusement dissimulée que la justice française découvrira des années après sa rédaction lors d'une perquisition de la DNA.

Dans les faits, aucun document intéressant sur le complexe militaro industriel français - intéressant dans le sens où il pouvait révéler des informations sensibles et vérifiables - n'était jamais consultable en France quand il concernait l'état et les principales formations politiques à cette époque. Et cela est probablement encore le cas.

Pour donner le change, des documents estampillés « secret défense » étaient régulièrement jetés en pâture à la représentation nationale dont les missions d'enquête se heurtaient aux mêmes portes closes que celles fermées devant les journalistes et les juges. Des documents de « bibliothèque verte » dont le contenu ne donnait guère plus que ce qui avait déjà été découvert et largement médiatisé. Les archives essentielles demeuraient bien entendu dissimulées pour l'éternité et souvent détruites après lecture par leur destinataire. Il a été dit que quelques bonnes vieilles machines à écrire avaient été remises en fonction par plusieurs services pour éviter toute trace numérique de dossiers sensibles. Enfin, il existait les accords et les ordres oraux sur les sujets les plus sanglants dont la trace ne reposait que sur un témoignage.

Les contrats d'armements, de valeur stratégique et économique vitale pour la nation, impliquant les états et leurs représentants au plus haut niveau, des intermédiaires, des commissions diverses calculées comme pourcentage de sommes pharaoniques, ne peuvent se payer le luxe de la transparence. La vouloir est nier le mode de fonctionnement de très nombreux régimes dont certains sont alliés – avant de devenir ennemis – les alliances sont versatiles – de la France.

Cette zone est donc criminogène par essence et la lutte du pouvoir judiciaire et du pouvoir exécutif sur cette ligne de crête n'est pas achevée et ne le sera probablement jamais.

Cette cruelle histoire explique en partie la raison pour laquelle Dominique de Valinques tomba dans le piège ou voulut se laisser convaincre facilement de la véracité des informations contenues dans le listing de Clearing SA.

Il s'agissait finalement de la « Preuve » que les chiraquiens avaient tant cherchée pour incriminer les Boulamoliens. Ils savaient que ceux-là avaient élaboré des circuits de financements occultes, ils savaient que ces circuits étaient liés aux contrats saoudiens et pakistanais, ils avaient fait le ménage et coupé les financements et ils cherchaient la « Preuve », le document qui clouerait le cercueil des traitres. Pour De Valinques, alors qu'un Boulamolien menaçait de se saisir du pouvoir, les informations de Leroux, crédibilisées par Bonnier et Boursoufflet arrivaient au moment idoine pour charger son fusil à lunettes de la balle assassine.

Les informations de Leroux étaient le chainon manquant.

« Pschiit » fait le silencieux et le ministre Kovacs s'efface de la scène politique.

Chapitre 40

Mars 2004

Mais comment procéder pour l'abattre ?

De Valinques, ne tenait plus en place. Depuis deux mois, il voyait s'accroitre les éléments à charge contre Kovacs livrés par Bonnier et Boursoufflet et il estimait qu'il était temps d'agir.

Après réflexion, il n'existait selon lui pas d'autre solution que de saisir un juge d'instruction. Mener une enquête privée le mettrait hors légalité et ferait de lui un petit commis du meurtre politique. Par ailleurs, à l'époque, son pire ennemi était ministre de l'intérieur et une enquête secrète menée depuis le quai d'Orsay ou depuis le ministère de la défense ne passerait pas longtemps inaperçue aux yeux de la puissante citadelle policière qui contrôle une bonne partie du renseignement intérieur. Politiquement, la découverte possible par les médias d'un complot ourdi par un « cabinet noir » à la solde d'une partie du gouvernement contre une autre, aurait charrié des effets contreproductifs désastreux.

Il fallait agir et Chirac avait toujours été prompt à distribuer les coups de boutoirs nécessaires. Mais le calendrier politique imposait son rythme et il fallut attendre quelques semaines.

En Mars 2004, après une déroute totale aux élections régionales, le président de la république conserva son docile et inoffensif premier ministre Jean Pierre Rafistoche, sans la moindre autorité sur ses ministres, mais profita de cette défaite, qui finalement tombait à point, pour enfin expulser Kovacs de la place Beauvau ou De Valinques alla le remplacer. Un remaniement décidé « pour briser le petit con ». Objectif : l'expulser de l'intérieur, position trop favorable par la puissance et la popularité qu'elle lui conférait. Kovacs, nommé à l'économie, se trouvait privé du contrôle du flux des renseignements confidentiels, mais il conservait ses amitiés et ses informateurs dévoués. Il avait su apprendre de ses ainés.

Bonnier hésitait, mais mi-Avril, le nouveau ministre de l'intérieur ordonna : « C'est une instruction du président de la République ! ». Un juge d'instruction devait être saisi. Une bonne affaire merdique à un peu plus de deux ans de l'élection présidentielle mais qui promettait de jeter ses salissures à la une des médias pendant des mois, voilà ce qu'il leur fallait. Après le remaniement, manœuvre tactique, l'offensive put enfin être lancée. Pas de quartier, la mise à mort politique du « gnome » avait été décidée.
« Putain ! » fit Leroux intérieurement, quand Bonnier se confia à lui au sujet des dernières évolutions du dossier. « Bientôt, je vais diriger le pays avec mes conneries. » Le genre de phrases qui, lorsqu'il les prononçait pendant leurs coïts effrénés, provoquait un surplus d'orgasmes chez Marlène, exprimés sous forme de cris saccadés et d'injonctions à « la prendre comme une truie lubrique ! ». Il sentait un amour sincère naitre pour elle.

Chapitre 41

Jusqu'en Avril 2004, toute cette affaire était demeurée confidentielle. Confidentielle dans le sens où elle n'était pas sortie d'un réseau restreint dont aucun des protagonistes ne connaissait la totalité des ramifications.

Leroux, Bonnier, Dominguez, Blomet, Boursoufflet, feu Langsade, Donnadieu, De Valinques, Chirac, Boulamole, Pumas, de Plessis Chaudreuil, Costello et les autres, avaient tous intérêt à demeurer silencieux. Cette vaste affaire, ces affaires - les affaires courantes de la République grise - s'écoulaient dans le secret usuel, à peine mentionnées dans quelques notes confidentielles enfouies dans des coffres fort et souvent détruites, ou lors de discussions orales ou trouvaient leur moyen d'expression par des virements bancaires discrets entre paradis fiscaux. Les journalistes et les juges jappaient mais toute agitation finissait par se dissoudre comme l'écume des vagues.

Mais dans le cas présent, roulement de tambour ! La boite de pandore allait bientôt s'ouvrir et par la volonté même de ceux qui en détenaient les clés.

Un juge réputé incorruptible enquêtait déjà sur les conditions d'attribution du marché des frégates de Taïwan et il apparut aux deux hommes comme la recrue parfaite pour faire exploser la bombe. Aux basques de Kovacs, jamais celui-ci ne pourrait exercer de pression contre lui et le faire lâcher prise. Il se nommait Renaud Van Akerlaken. Redouté des politiques et des industriels, celui que ceux-là surnommaient le « juge rouge », avait enquêté sur la plupart des scandales qui avaient entaché les partis de droite comme de gauche dans les années 80. Populaire, intègre, pugnace, discret, offensif, il était devenu une icône de la probité en France.

« Choisir un juge est une chose, le saisir en est une autre » objecta Bonnier. « Te rends-tu compte Dominique, qu'après cette saisine, nous ne serons plus en mesure de contrôler quoi que ce soit ?» ajouta-t-il saisi d'une inquiétude légitime. « Ainsi va la vie ! Alea Jacta Est ! Trouve le moyen qui te convient et agissons ! ». Le ministre de l'intérieur était pressé de détruire son rival.

Chapitre 42

Bonnier, fin avril 2004, prit rendez-vous avec le jeune avocat Bruno Marnier dont il savait qu'il travaillait de manière étroite avec le juge Van Akerlaken. Il défendait alors la veuve du capitaine Yin Ming.

Le quarantenaire s'empressa d'accueillir avec curiosité le grand stratège d'EDA dans son cabinet.

- Merci de me recevoir maitre, je sais quel travail vous faites dans ces dossiers de vente d'armes si nébuleux et même sanglants ! Commença Bonnier.
- Merci de votre soutien. Vous êtes un expert en la matière. Je dois confesser être un peu étonné de votre visite. Que puis-je faire pour vous ? Attaqua d'emblée l'avocat, avide de connaissances nouvelles.

Bonnier s'agita un peu sur sa chaise, son long corps secoué de ses tics nerveux habituels, signe de sa grande fébrilité.

- Voilà, dit-il enfin, je sais que vous êtes dans les meilleurs termes avec le juge Van Akerlaken. Et je sais que le juge est bloqué dans son enquête sur les frégates de Taïwan en raison du « secret défense » qui lui est opposé de manière régulière.

- En effet, reconnu l'avocat.

Bonnier toujours aussi tendu devant Marnier de plus en plus intrigué cligna un œil puis un autre. Il dandina son buste en tous sens comme si un esprit malin l'habitait et voulait s'en échapper. Puis il se lança enfin :

- Voilà, je souhaite rencontrer le juge de manière discrète et je souhaite que vous serviez d'intermédiaire pour organiser cette rencontre. Dites-lui la chose suivante : je sais où se trouve l'argent des frégates.

A la prononciation de cette dernière phrase, l'avocat resta d'abord coi comme si un uppercut l'eut atteint puis manifesta immédiatement des signes de grande excitation qui se traduisirent par un léger tapotement de ses mains contre les coins de son bureau et une contraction involontaire de ses muscles faciaux. Il savait que Van Akerlaken montrerait une grande curiosité à l'égard des propos de Bonnier et évidemment il accepta sa mission de messager. Ils étaient, dans le monde judiciaire, à la recherche des mêmes informations que les discrets acteurs du monde secret.

Mais Bonnier ne voulait pas s'exposer, se révéler, il ressentait depuis quelques temps l'ombre froide de la peur progressivement l'étouffer. Trop de morts déjà. A commencer par celle de Langsade. Tous ceux qui avaient parlé ou avaient menacé de parler, ou avaient essayé de parler. Il ne voulait pas se désigner comme cible. S'il dévoilait des informations au juge, le procédé serait anonyme.

Paranoïaque, il estima devoir accroitre ses moyens de protection et son fidèle et indispensable Leroux si chevronné, si habile saurait l'assister dans cette tâche. Aussi le bombarda-t-il responsable de la sécurité informatique du centre de recherche d'EDA. Promotion que Leroux s'empressa d'accepter. Sa première mission fut de mettre au point, à la demande de son chef, un système de communication composé de téléphones portables et boites emails ultra protégés.

« Pas de souci Patron ! » pensa Leroux lorsqu'il répondit à Bonnier « Certainement Jean-Louis ». La sécurité des communications relevait de sa compétence tout aussi surement que l'espionnage international, la gestion de hedge-fund ou la conception de missiles balistiques.

Débrouillard, Leroux bricola cinq BlackBerry autorisés à ne communiquer qu'entre eux. Mais il demeurait aux commandes du serveur et pouvait suivre l'ensemble des appels passés et lire les SMS échangés.

Chaque terminal téléphonique se vit désigner un nom de code. Le terminal remis à l'assistant de Dominique de Valinques se nommait « Madrid », celui de Bonnier « Londres », celui de Marnier « Paris », celui du général Boursoufflet « Amsterdam » et celui de Leroux « Bruxelles »

Une semaine seulement après l'entrevue entre Bonnier et l'avocat, Van Akerlaken, piqué par une curiosité légitime, accepta de recevoir l'informateur de haut rang.

Prudent et professionnel, il organisa une première rencontre dans un lieu discret, un bureau loué pour l'occasion par Marnier. Van Akerlaken avait pour souci premier de « tester » Bonnier pour juger sa crédibilité. Evitant dans un premier temps l'objet de leur rencontre, le juge l'assaillit de questions sur son rôle au sein d'EDA, le fit longuement parler de la guerre qui opposa Langsade à Dominguez et de la manière dont furent négociés les contrats des avions de chasse acquis par Taïwan. Enfin, il l'interrogea sur sa source pour s'assurer de sa fiabilité. Leroux qui disposait de l'imprimatur d'EDA, de celle de Boursoufflet et de celle de la DGSE présentait un excellent pédigrée.

Van Akerlaken prit le temps de digérer les informations présentées avant de convier Bonnier à une seconde réunion au cours de laquelle il se fit préciser la nature des éléments dont il pourrait disposer. Et finalement, lors d'une troisième et ultime rencontre, les deux hommes s'accordèrent sur la marche à suivre pour officiellement verser à la procédure les documents incandescents.

Van Akerlaken proposa d'abord à Bonnier de témoigner sous x.

Refus du cadre, la peur le paralysait. Trop de cadavres avaient déjà essaimé selon lui. Il craignait pour lui-même.

Il émit alors l'idée d'envoyer une lettre anonyme au juge qui lui permettrait de se saisir régulièrement du listing de Clearing SA. Peu enthousiaste vis-à-vis de ce modus operandi mais curieux d'en apprendre davantage, le juge, après avoir tergiversé, finit par accepter.

Pourquoi refuser ? Bonnier aurait pu ne pas le rencontrer, il aurait pu écrire directement au juge. Il s'était présenté à lui sous sa véritable identité et il n'avait pas de raison objective de mentir. Dans quel but ? Pour quel profit ?

Van Akerlaken analysait objectivement la situation : Bonnier, perdu depuis des mois, était de bonne foi. Le monde fantasmatique qu'il avait construit autour de Clearing SA, il y croyait avec la foi du charbonnier. Rationnel Bonnier ? Pas exactement : rationnel et religieux à la fois.

Peut-être peu orthodoxe, cette manière d'agir respectait le code de procédure pénale pour permettre au juge d'exploiter les informations fournies et en conséquence d'opérer toutes les perquisitions et commissions rogatoires nécessaires à l'éclosion de la vérité.

Chapitre 43

Mai 2004

« Monsieur le juge,[14]

Je vous écris pour informer de l'existence d'un groupe mafieux comprenant au moins deux personnes auxquelles vous vous intéressez et qui commencent à étendre en France des méthodes de corruption et de prédation qui ont fait tant de mal à la Russie dans les années 90.

Je vous parle d'un système de blanchiment et de noircissement parfait garanti par l'extraordinaire efficacité technique de Clearing SA qui permet d'effectuer toute opération à partir de tout terminal, y compris portable, dans toute zone connectée à internet sur la totalité du globe.

En 1989, an ancien officier taïwanais Zhang Ming, correspondant de longue date de la CIA, mais surtout dirigeant d'une importante triade et un des principaux intermédiaires pour nos achats d'armes de l'île a ouvert les comptes suivants :

a) Compte RMBA numéro C0043 à Clearing SA

---

[14] Reproduction presque à l'identique d'une fausse lettre anonyme adressée par Jean Louis Gergorin au juge Renaud van Rymbeke.

b) Compte jumelé numéro C0044 à Clearing SA avec pour correspondant « Bank of Overseas Hong Kong » La partie connue du numéro à la banque est '32-704622'

En 1991, juste après la signature du contrat des frégates avec la France, il ouvre en tant qu'ayant droit d'un trust CitiWealth/CitiTrust à Bogota et un compte de type RMBA chez Clearing SA numéro 82313. En 1992, il introduit dans le système Pierre Dominguez, Président de d'ED, en lui ouvrant un compte du même type chez Clearing SA numéro 83656 dont le titulaire est également un trust à la CitiWealth/CitiTrust à Bogota et le crédite de 1 000 000 USD. En 1994, Pierre Dominguez ouvre une série de comptes chez Clearing SA et attribue plusieurs d'entre eux à la nouvelle mafia qui s'est développée après l'effondrement de l'Union Soviétique. Les comptes de ces individus sont systématiquement crédités par les comptes de Pierre Dominguez ou, à la demande de ce dernier, par les comptes de son proche collaborateur et âme damnée, Ernest Blomet. Les comptes Clearing SA de ces mafieux lancés dans le pillage de l'union soviétique sont :

Parrain russe Clearing SA 90765 ZugerKPolil Bank Zug/Switzerland
Parrain russe Clearing SA 90780 ZugerKPolil Bank Zug/Switzerland
Parrain EstAllemand Clearing SA 90762 ZugerKPolil Bank Zug/Switzerland
Luc Blomet Clearing SA 73067 Reserved mailbox account Madrid/Spain
Luc Blomet Clearing SA 73067 Reserved mailbox account Madrid/Spain "

Eminence grise respectée de l'appareil militaro industriel mondial, Bonnier devint en un jour « le corbeau » celui par qui la calomnie arrive, le cerveau de la falsification.

La liste des comptes spécifiés au juge dans la lettre ne concernait que le réseau des frégates. Bonnier, finalement réticent, n'évoqua pas les hommes politiques figurant sur le listing bien que Van Akerlaken fut en possession de l'intégralité du document. Au cours de l'entretien cependant, il y fit allusion.

Le juge pouvait enfin agir et il ne traina pas. Fort de son instinct de chasseur et de sa grande expérience acquise au cours de l'instruction de nombreux dossiers sensibles, il savait qu'une source se traite chaude, avant que des fuites ou des interférences néfastes ne ruinent l'efficacité de ses initiatives judiciaires.

Les premières salves de commissions rogatoires atterrirent sur le bureau d'un magistrat suisse pour vérifier la véracité des comptes déclarés et domiciliés chez Clearing SA. Des personnalités du monde des affaires dont le nom figurait sur la liste réceptionnée par Van Akerlaken furent immédiatement mises en garde à vue et leurs bureaux et domiciles perquisitionnés. En Suisse, sous pression des médias français, et suite aux commissions rogatoires reçues de France, le parquet n'eut pas d'autre choix que d'organiser une spectaculaire perquisition des locaux de Clearing SA.

Sur les écrans de télévision, les nouvelles du soir commençaient à faire état des premiers assauts du juge préféré des français.

Chapitre 44

- Regarde, mais regarde donc !
- Tu ne bandes plus chéri ? S'étonna Marlène

Leroux nu, le visage défiguré par l'angoisse, debout devant un lit où sa maitresse était étendue sur le ventre, son cul bombé encadré d'un porte-jarretelles blanc qui marquait un contraste érotique sur sa peau dorée aux ultraviolets, regardait le journal télévisé qui diffusait la perquisition du premier constructeur aéronautique européen et la mise en garde à vue de son vice-président, Philippe Almas. Almas était le rival de Bonnier qui le considérait comme une crapule.

Pour la première fois, saisi de panique, il comprit les conséquences concrètes de ses actes, comme s'il était expulsé de son nuage artificiel et confortable, celui des agents secrets et consultants d'exception, et projeté brutalement sur terre. Il contemplait la froide réalité, celle des effondrements qu'il n'avait jamais cessé de provoquer sa vie durant. Il comprit immédiatement qu'il allait perdre la main. S'il avait pu duper Bonnier, duper Boursoufflet, duper le ministre des affaires étrangères devenu ministre de l'intérieur, duper le ministre de la défense et le président de la République par une succession de leviers qu'il actionna en maestro de l'intoxication, il n'avait aucune prise sur Van Akerlaken et la puissance d'enquête du pouvoir judiciaire. Au rythme rapide imposé par le juge, il pressentait avec frayeur qu'il allait être démasqué et cette perspective lui perforait les entrailles, le réduisait à néant. Il se réveillait migraineux après une fête époustouflante.

« Ach ! Tu vas trouver quelque chose mein Schatz ! » Tenta de le rassurer Marlène alors qu'elle essayait en vain de le masturber.

Les blackBerry s'enflammèrent de ces développements, Madrid félicitait Londres de locution courtes comme : « Bravo ! » et autres signes enthousiastes, lequel répercutait l'information à Bruxelles qui se joignait, obséquieux et joyeux, au concert de louanges. Amsterdam restait coi et Paris était tenu à l'écart.

Une euphorie s'était emparée du ministre l'intérieur. Sourire éclatant, il s'affichait confiant, insolent, son heure glorieuse sur le point de sonner. Il faisait du footing et des pompes, multipliait les apparitions publiques et les interviews, bombait le torse et trompait sa femme avec ardeur. Tout allait pour le mieux.

Des nouvelles mirifiques étaient probablement attendues.

Chapitre 45

Mai 2004

- Jean Louis, j'ai à vous parler !
- Oui Vincent, dites-moi. Que se passe-t-il. Vous avez une mine terrible !

Après deux nuits blanches, Vincent Leroux défait, désespéré mais survolté, s'était précipité à la première heure dans le bureau de son patron.

- Jean Louis ! Crie-t-il, presque. Depuis la perquisition du 5 Mai dernier chez EDA et Clearing SA, je ne peux plus m'introduire dans la chambre de compensation, tous mes outils de pénétration informatique sont inopérants !
- Vraiment ?! Fait Bonnier abasourdi par la nouvelle.
- Oui Jean Louis ! Probablement de nouveaux pare feux, ils ont réagi prestement !
- Ce n'est pas très étonnant ! Ce doit être le branle-bas de combat chez eux !
- Très certainement Jean Louis, très certainement !

Un plan ourdi dans la nuit dans son esprit dérangé pour essayer de sauver sa peau. S'extraire du piège qu'il avait contribué à construire et dont il s'apercevait un peu tard qu'il devenait l'une des probables proies, un dommage collatéral. Comme si un éclair de lucidité l'avait foudroyé.

Les jours suivants furent particulièrement pénibles. Il passa notamment un week-end exécrable en famille. Son fils était insupportable. Vincent, si serviable, si calme habituellement, était pris de fréquentes bouffées d'impatience et d'autorité colérique. Sa femme le remarqua : « Que se passe-t-il chéri ? » s'inquiéta-t-elle. « Tu es si différent ces temps-ci. » « Rien, rien, le stress du travail, une période si chargée en ce moment. » « Tu es tellement dévoué à ce que tu fais ! Nous devrions, nous retrouver plus souvent, tu es devenu un courant d'air ! » « Oui mon amour, je sais, tu as raison. Ecoute j'ai une affaire urgente, je dois aller au bureau, j'aurai l'esprit plus tranquille. » Interrompit-il la conversation avant de saisir sa veste en lin.

Il se précipita par un temps lumineux sur le trottoir au bas de l'immeuble bourgeois dans lequel il résidait dans le 16éme arrondissement. Frappés de soleil, les bâtiments haussmanniens projetaient leurs façades en deux rangées blanches éclatantes séparées d'un ruban de bitume gris foncé sur lequel Leroux formait un trait discret comme un point d'exclamation clair. La rue était déserte, la ville calme, sauf Vincent.

- François ! Appela-t-il paniqué
- Que se passe-t-il ? Répondit une voix calme à l'accent prononcé.
- Je ne le sens pas François ! Je ne le sens plus ! Il faut qu'on arrête ! Il faut qu'on arrête toutes ces conneries !
- Calme-toi Vincent, calme-toi. C'est trop tard maintenant, bien trop tard. Tu es avec nous ou tu es contre nous ? Nous n'avons pas apprécié ton initiative. Elle ne rime à rien d'ailleurs. Tu dois conserver ton

sang-froid. Il faut aller jusqu'au bout. Sinon, tu seras seul, bien seul, menace-t-il.

- Oui, oui, tu sais bien que je suis avec vous, répond-il la voix plaintive.
- Alors fais ce que je t'ai dit et reste calme. Fais-moi confiance tout va bien se passer, un beau feu d'artifice ! En plus c'est une protection pour toi de faire ce que je te demande. Tu dois voir à long terme. Le jeu est à long terme.

Sans réponse de la part de Vincent, François interrogea de nouveau :

- Tu vas le faire dis-moi ?
- Bien, bien, je vais le faire, concéda-t-il finalement d'un ton inquiet et maintenant convaincu de l'inutilité se son premier mouvement.

Après une marche de quelques kilomètres au bois de Boulogne au cours de laquelle son esprit, dissout par l'effort, rejoignit des cieux plus apaisés, son anxiété s'évapora temporairement et, c'est le cerveau un peu plus dispo, qu'il appela Jean Louis Bonnier pour enclencher le plan qui lui avait été ordonné.

- Jean Louis, pardonnez-moi de vous joindre pendant le week-end.
- Je vous en prie Vincent, que se passe-t-il ?
- J'ai pu re-pénétrer dans les ordinateurs de Clearing SA !
- Quoi ! Que dites-vous ? Formidable ! Formidable ! Mais comment avez-vous procédé ?
- Notre contact, à l'intérieur de la chambre nous a fournis un mot de passe modifié. Mais ce n'est pas tout Jean-Louis !
- Dites-moi ! Qu'avez-vous vu ?

- Et bien…, hésite-t-il ménageant son effet.
- Mais enfin qu'avez-vous vu ? Dites-moi Vincent !
- Jean Louis, vous n'allez pas le croire ! Clearing SA a effectué un ménage méticuleux. Ils ont fermé massivement des centaines de comptes !
- Quoi ! Quoi ! Vous êtes sûr ? Fait Bonnier survolté.
- Absolument ! J'ai comparé mes listings et 895 comptes au total ont été clôturés en urgence !
- C'est une nouvelle majeure, absolument majeure ! Vous avez eu raison d'appeler ! Les bandits essaient de nous prendre de vitesse ! Nous devons nous voir immédiatement !
- Certainement Jean Louis ! Certainement !

Voilà, un peu de crédibilité et peut-être du temps gagné dans la nouvelle mission que Leroux s'était assignée : effacer ce qu'il avait donné à lire. Anticiper le retour d'une commission rogatoire négative de Suisse comme on jette une bouée à la mer. Mais pas seulement. D'autres avaient des idées différentes sur la nécessité de la manœuvre.

Deux heures plus tard, Bonnier et Leroux vérifiaient minutieusement les listes des comptes clôturés.

Devant un tel rebondissement, Bonnier, après en avoir discuté avec son subalterne, ne put faire autrement que d'avertir, via la procédure qui avait été actée, Van Akerlaken.

Exactement l'initiative que Leroux voulait qu'il engagea.

Chapitre 46

Juin 2004

« Monsieur le Juge,[15]

Je vous écris à nouveau.

Avec vos collègues helvètes, vous avez agi avec célérité et efficacité provocant stupeur et panique chez les crapules en Suisse et autres places financières concernées, surprise chez leurs nombreux collègues naïfs abusés ou volontairement aveugles.

Le système de défense s'est néanmoins rapidement mis en place avec distillation au compte-gouttes de demi-mensonges et de quart de vérités par Clearing SA en jouant des homonymes, de l'orthographe etc... Mais surtout la direction de Clearing SA, pour se couvrir vis-à-vis de ses actionnaires allemands, a organisé l'exode des crapules : 895 comptes non publiés ont été fermés en bloc le 12 Mai 2004, les soldes considérables étant transférés à des paradis fiscaux classiques.

Voici la liste des comptes visés par cette procédure. »

---

[15] Reproduction presqu'à l'identique d'une fausse lettre anonyme adressée par Jean Louis Gergorin au juge Renaud Van Ruymbeke.

Et la lettre fait figurer un listing de comptes diligemment fourni par Vincent Leroux.

Bonnier conclut par :

« Je vous souhaite à vous et à vos collègues européens bonne chance pour nettoyer ces eaux qui ne sont plus très claires. »

Dans la liste des 895 comptes clôturés en figurait un au nom de « Nicolas Burchard-Bélaváry ». Et c'est précisément ce que Leroux et son donneur d'ordres souhaitaient : accroitre l'attention du juge sur ce compte en particulier et ceux de nombreuses personnalités absentes de la première lettre du faux corbeau.

Les BlackBerry crépitèrent des informations reçues. Les derniers rebondissements avaient ajouté à la nervosité des protagonistes et visiblement aussi semé un doute dans la tête du nouveau ministre de l'intérieur. Dans un message laconique Madrid annonça à Londres que « s'il y avait eu manipulation tout cela finirait mal ».

Il était une information que ni Bonnier, ni Boursoufflet ne connaissaient. Une information soigneusement dissimulée par Leroux : il n'existait pas 5 mais 6 terminaux BlackBerry. Le dernier terminal « Moscou » se trouvait entre les mains de François Serra, officier des renseignements généraux.

Chapitre 47

Octobre 2002

Leroux, heureux de s'être extrait de la nasse carcérale, s'est juré de ne plus y revenir. Les retrouvailles positives avec son frère et son aide promise l'ont rasséréné. Il combat son arrogance et ses addictions et demeure concentré avec vigueur, comme un arc tendu, sur son objectif prioritaire : décrocher un emploi chez EDA.

Alors qu'il musarde par une journée claire dans les rues de Paris quelques semaines après son incarcération, son téléphone sonne sur un numéro inconnu.

- Ciao Vincent, comment vas-tu ? Fait une voix à l'accent corse qui lui semble familière.
- Heu, bonjour, qui est l'appareil ?
- « Qui est à l'appareil ? ». Allons, Vincent, un garçon brillant comme toi n'a pas la mémoire courte.
- Ange !
- Lui-même... Comment vas-tu Vincent ?
- Eh bien Ange, ça va, ça va. Comment connais-tu mon numéro ?
- Moi aussi je suis un professionnel. Comment vas-tu Vincent ? Dis m'en plus mon ami.

Alors qu'un léger sentiment d'appréhension l'étreint, Vincent Leroux tente de donner le change.

- Eh, bien Ange, merci de prendre de mes nouvelles. Ecoute, ça va, j'essaie de trouver du travail demeure-t-il allusif. Et toi, Ange, comment vas-tu ?
- Ca va mon ami, la routine en prison, tu sais ce que c'est. Tu as de la chance d'être dehors par ce joli soleil. La Corse me manque. Enfin, il faut prendre son mal en patience. Ils me laisseront sortir dans quelques temps.
- Bien, bien, répond Vincent de moins en moins à son aise.
- Dis-moi, Vincent.
- Oui Ange ?
- Tu sais, je t'ai évité le pire en prison. Et comme tu le sais, toi le financier, dans la vie, rien n'est gratuit mon ami.

Vincent Leroux pâlit ; une peur glauque lui cisaille l'estomac comme un coup de sabre froid qui l'aurait subitement perforé, ou une morsure qui aurait diffusé un venin paralysant du ventre au poitrail avant de gagner le cerveau.

- Vincent ? Tu m'écoutes ? Fait Ange qui a déjà compris ce silence et interprété avec gourmandise sa signification.
- Que veux-tu ? Murmure Vincent d'une voix blanche.
- C'est tout simple, 500 000 d'euros. C'est pour un de mes amis dans le besoin et j'ai le cœur charitable.
- 500 000 ! Mais, je ne dispose pas d'une telle somme ! Tu es complétement fou !
- Allons, allons, pas de gros mots. Tu es si intelligent tu vas trouver, tu trouves toujours. J'ai confiance…Tout ceci n'est rien pour toi. Nous pourrons passer récupérer la somme au 17 rue Eugène Delacroix où tu

résides. Beau quartier, très beau quartier. Ou nous pourrons nous voir devant la crèche privée rue d'Alma où tu déposes ton fils régulièrement si cela est plus pratique pour toi. Je suis souple comme tu vois.

- Mais enfin tu es fou ! Répète Vincent totalement hébété.
- Moi fou ? Répond calmement le bandit corse avant de brutalement hausser le ton avec une violence insoupçonnée. ECOUTE-MOI PETITE MERDE ! ON VA TE CREVER TOI ET TES GOSSES ! TU M'ENTENDS ? HEIN ? TU M'ENTENDS ? LES DETTES CA SE REGLE CHEZ NOUS !

Puis, plus calme, il conclut : « Tu as trois semaines. » Et il raccroche, satisfait de son effet.

Vincent se tient livide et statufié sur le trottoir, il affiche un air si paniqué que certains piétons qui le croisent remarquent avec compassion son visage désespéré comme si cet homme venait d'apprendre à l'instant le décès d'un proche ou son affection d'une maladie incurable.

Leroux passa une nuit épouvantable et sa femme, habituellement si aveuglée de tout, le remarqua : « Que se passe-t-il mon amour, tu n'as pas l'air bien ? » « Rien, rien, j'ai mangé probablement un truc avarié dans un bistro. » « Ah mon amour, tu as le don de faire des bêtises ! » Lui répondit-elle en riant.

Vincent Leroux voulait laisser cette partie de son existence enterrée, effacée, comme si elle n'avait jamais existée. Il voulait éclaircir son sillage et magnifier son horizon, mais le passé agrippe le présent sans cesse. Il est rarement de nouveaux jours vierges de toute scorie issue des ombres de l'existence.

Consumé d'angoisse une partie de la matinée, pesant le pour et le contre dans son esprit embué, il décida de franchir le seuil du 36 quai des Orfèvres le 25 octobre 2002 pour s'adresser à la section anti-terroriste.

Au commissaire qui le reçoit, il explique le chantage du bandit corse dont il est victime de façon convaincante comme il sait si bien le faire, et celui-ci, après l'avoir écouté avec attention le dirige vers un de ses collègues des Renseignements Généraux, corse également, François Serra, dont il l'assure qu'il est l'homme de la situation.

- Entrez, fait une voix à l'accent caractéristique, après que Leroux eut cogné à la porte qui lui fut indiquée.

Leroux fait une timide apparition dans un bureau dénudé dans lequel un homme aux traits déterminés - petits yeux noirs sur un visage carré de carnation mat, front bas surmonté d'une chevelure touffue brune encadrée de lignes grises sur les tempes - l'invite d'un geste autoritaire à prendre place face à lui.

- Bonjour monsieur, fait Leroux modeste.
- Raconte-moi ton histoire Petit, fait Serra, mi souriant, mi lapidaire.
- Alors voilà, je subis un chanta…
- Plus tard, plus tard, l'interrompt Serra, qui a appris par son collègue la tentative d'extorsion d'Ange Francini – une habitude chez lui - il connait bien l'oiseau, il connait tout le monde. « Un vrai flic est un flic informé. Sinon c'est un rond de cuir. ». Estime-t-il. Plus tard, répète-t-il. Raconte-moi ton histoire depuis le début. Sois précis, c'est important. Nous avons le temps. Tout le temps. Et surtout, tranquillise-toi Petit, tout va bien se passer.
- Eh bien voilà, fait Leroux, j'étais trader à Londres et….

Ainsi détaille-il son parcours pendant près de deux heures de manière circonstanciée face au policier de plus en plus intéressé. Séduit par l'aura rassurante du Corse, Leroux ne tarde pas à se faire mousser, vantant son expertise des réseaux Ben Laden. Après tout, aux Renseignements Généraux aussi pouvait-il se vendre si EDA ne donnait pas suite.

Après que Leroux eut tout expliqué avec un luxe de détails saisissant, François Serra, avec son accent corse inimitable, lui déclara : « Ne t'inquiète pas Petit. Je vais m'occuper d'Ange Francini. Moi, tu sais, je les connais tous et tous me connaissent. Tu as pris une bonne initiative en venant me voir et une bonne initiative en contactant EDA. Je te souhaite bonne chance dans ta tentative d'intégrer cette belle compagnie. Mon petit doigt me dit que tu vas y parvenir et je ne saurai pas étonné qu'un service s'intéresse à tes affaires. »

Serra fit cesser net le chantage du bandit nationaliste puis invita Leroux à déjeuner et ils discutèrent de tout et de rien. Serra distilla quelques menus secrets de la République, des anecdotes croustillantes sur les mœurs des uns et des autres à la grande joie de son interlocuteur totalement séduit par ce flic à l'ancienne, un homme sans peur, efficace, drôle et discret. Ainsi François Serra, par son charme et sa compétence, devint l'officier traitant de Leroux alors que celui-ci pensait s'être fait un ami.

Fait assez rare dans la république française, Leroux devint pendant un temps assez bref l'honorable correspondant de la DGSE, du Ministère de la Défense, et des Renseignements Généraux.

François Serra avait commencé sa carrière de flic en corse, à Ajaccio, avant d'être muté à Paris. Rapidement repéré par Bernard Piétri, numéro deux des Renseignements Généraux à l'époque, pour son flair, sa connaissance intime des réseaux corses et du grand banditisme en général, il devint rapidement le meilleur enquêteur de son patron et son plus précieux collaborateur. Par exemple, il fut à l'origine de l'arrestation en juillet 2003 du meurtrier présumé du préfet de la République abattu froidement le 6 février 1998 sur l'île de beauté. Un coup magistral qui propulsa Piétri dans le premier cercle de la « Kovacsie » et, dans l'ombre, son poulain avec lui.

Depuis cet épisode imprévu, chaque semaine, sur le ton de la confidence comme le ferait deux amis, Leroux détaillait à Serra ses activités avec EDA, la DGSE et Boursoufflet. Le policier suivait avec un vif intérêt l'évolution de la « carrière » de Leroux et la détaillait, à intervalles réguliers, dans des notes secrètes adressées à Bernard Piétri et détruites après lecture.

Contrairement à l'officier traitant de la DGSE, Serra maintint le contact avec sa source, comme il le faisait systématiquement avec toute personne agissant dans un milieu influent, après que celui-ci fut débarqué par les services extérieurs français. « Cela peut toujours servir » était le mot d'ordre de ce collectionneur d'informateurs. Le froid expert de l'âme humaine n'avait pas tardé à comprendre les déboires de Leroux avec les services secrets, et à lui faire avouer qu'il avait trafiqué les listings de Clearing SA en y incorporant les noms des mafieux russes aux côtés du celui de Dominguez. Il fut impressionné par l'imagination et l'aplomb du jeune apprenti espion. « Comment as-tu eu cette idée ? » Interrogea-t-il. « Il fallait bien que je sauve mon job. Dans le groupe, il y a un tel climat obsessionnel autour de la mort de Langsade et particulièrement dans la tête de Bonnier. J'ai décidé d'exploiter le filon. » Avoua Leroux en confiance.

- Ah, ah, ah, rit Serra complice et estomaqué par le culot du jeune homme, tu ne peux pas donner Ben Laden alors tu donnes le meurtrier de Langsade ?
- Voilà François, tout simplement. Tu comprends tout, tout de suite, le flatta-t-il.
- Et Bonnier a gobé tes bobards sans sourciller ?
- Comme un enfant. Il est prêt à accepter n'importe quoi venant de moi du moment que cela va dans le sens de ses soupçons. Il est totalement à ma main. Je t'assure, c'est assez incroyable, mais pourtant véridique. Il est paranoïaque et complétement obsédé par le meurtre présumé de son ancien chef.
- Intéressant, fit Serra. Et Boursoufflet ?
- Un vieux con imbu de lui-même. Il ne comprend rien à rien. Je peux raconter n'importe quoi, il avale tout le vieux.
- Vraiment ? Fait Serra pensif.
- Vraiment, il n'a pas moufté après mon éviction des services et il a obtenu du ministère de la défense l'autorisation de « me traiter » directement. Il était si fier de démontrer son pouvoir.

Ils rirent encore tous les deux goguenards, comme des collégiens qui auraient fait une blague potache, se moquant de Boursoufflet et de Bonnier. Enfin, il n'y avait qu'un collégien, l'autre s'adaptait. Sitôt leur joie dissipée, Serra confia à Leroux : « Sois tout de même prudent, tu cours le risque de te mettre dans la merde à nouveau mon ami. C'est plus fort que toi. Connais-tu l'histoire du scorpion et de la grenouille ? »

A cette époque, le grand patron des RG se nommait Yves Gersant, un homme de la Chiraquie, et Bernard Piétri le spécialiste de l'antiterrorisme était entré en guerre frontale avec lui.

Les ambitions se déploient partout, dans toutes les organisations humaines, et par effet de ricochet, aujourd'hui qualifié avec snobisme de « papillon », les actions anodines des uns ont des conséquences importantes sur la vie des autres. Nous sommes des atomes agités de forces gravitationnelles qui engendrent par effets combinés d'autres forces, plus grandes et insoupçonnées ; les grands évènements trouvent souvent leur source dans de plus petits ou le hasard. C'est finalement la même chose le hasard et un petit évènement. Si Adolphe Hitler, caporal en 1918, n'avait pas obtenu d'être maintenu au sein de l'armée fort de la confiance de son officier supérieur, le capitaine Karl Mayr, qui l'intégra aux services de propagande anti-communiste, la face du monde eut été changée de manière radicale. Des millions d'hommes furent démobilisés en 1918 et en 1919. Pas Hitler, petite exception dans un vaste mouvement.

Le ralliement de Piétri à Kovacs n'avait fait que creuser le fossé entre les deux hommes. Cependant Yves Gersant eut tôt fait d'apprendre l'existence de Vincent Leroux comme source des RG et s'empressa de le faire tamponner par un de ses agents dévoués pour un débriefing. Serra, l'homme aux antennes sensibles, fut prévenu de cette initiative et se hâta de savonner la planche de son collègue en indiquant à Leroux ce qu'il devait dire et ne pas dire pour se débarrasser de l'importun en douceur.

Chapitre 48

Mi-2002

La guerre faisait déjà rage entre De Valinques et Kovacs. La constitution d'un trésor de guerre pour financer la future campagne présidentielle était la priorité du ministre de l'intérieur. Affaires politiques usuelles.

Depuis 1994, une longue négociation était en cours avec l'Arabie Saoudite pour fournir le matériel nécessaire à la sécurisation des frontières du royaume : un immense contrat estimé à 7 milliards d'euros. Le projet « Saudi Border Guards Developpment », reçut pour nom de code « Mica ». Une première tranche de ce marché fut finalement obtenue par EDA en juillet 2009. Dans sa version initiale, il comportait la livraison d'hélicoptères, d'avions, de radars, de systèmes de communication ultra sophistiqués. Un contrat initié par le mentor de Nicolas Kovacs et fameux ministre de l'intérieur, Charles Grimaldi, corse à la faconde inimitable, éminence grise de la République dont il fut l'un des personnages les plus puissants et les plus craints. Mais il rallia les équipes de la Boulamolie et le vieux président ne lui pardonna jamais cette forfaiture.

Ce contrat, ou plutôt ses coulisses, c'est-à-dire la connaissance des hommes et des circuits à emprunter pour lui offrir une conclusion heureuse et contrôler les flux financiers, fut apporté en offrande à Kovacs en 2002 par Claude Calen, ex bras droit de Grimaldi. La manne possible des saoudiens constituait une priorité. Il fallait revivifier les relations avec le Royaume des sables via l'envoi d'émissaires et d'intermédiaires dont l'un, Ziad Thakine, très réputé dans son milieu, entra en action.

Ziad Thakine agit vite et en secret. Il se dépêcha pour forcer une conclusion de telle sorte que le président de la république et De Valinques soient mis devant le fait accompli. Il fallait superviser le circuit des commissions, ici 5%, soit 350 millions d'euros à verser sur plusieurs années. Une vision assez naïve que de penser être en mesure d'agir seul mais Kovacs avait conservé un caractère enfantin à bien des égards. Sa témérité, à ce jour, avait servi sa carrière.

Fin 2003, Ziad Thakine organisa le voyage discret en Arabie Saoudite du directeur de cabinet du ministre, Norbert Montfort. Le but était de négocier la signature du contrat par Nicolas Kovacs, lors de sa venue en janvier ou février 2004 et rendre ainsi les choses irréversibles.

Alors que tous les documents étaient finalisés, y compris ceux qui concernaient, par les moyens habituels - c'est-à-dire l'utilisation de sociétés off-shore – la captation des commissions, Jacques Chirac appela son meilleur ennemi.

- Bonjour Nicolas
- Monsieur le président

Le tutoiement était de rigueur pour Chirac mais le ton qu'il employait était devenu glacial. Kovacs, en retour, lui témoignait une déférence hypocrite et convenue qu'imposait la courtoisie républicaine.

- Je connais ton intention de te rendre en Arabie Saoudite conclure un contrat de vente de matériel militaire. Je t'interdis ce voyage. J'y mets mon véto.
- Bien monsieur le président.

Ainsi la Chiraquie avait été informée. Le poids considérable du président au Moyen-Orient, sa qualité de chef de l'exécutif stoppa net l'initiative de son encombrant ministre. L'Arabie signer un contrat contre l'aval de la présidence française ? Impensable. « Que croyait-il le petit con ? Qu'il allait me niquer ? » Se dit à lui-même Jacques Chirac encore pugnace.

La présidence était en ordre de marche pour affaiblir « l'ambitieux ».

Mais qui la renseignait ?

Chapitre 49

Alexandre Boukhari naquit en Seine Saint Denis en 1959 avant de migrer vers le Val d'Oise où, très jeune, il commença une carrière de délinquant. Beau parleur, bagarreur, charismatique, il ne tarda pas à s'imposer comme chef d'une bande qu'il intégra au « gang de la banlieue nord » bien connu des policiers. Racket, extorsion, vols avec violence, Boukhari et les siens firent feu de tout bois pour développer le « business ».

Ambitieuse, la bande passa un accord avec la plus puissante famille de la pègre parisienne établie à Montmartre, le clan Abitboul, qui la recruta comme porte flingue à la fin des années 70. Par cette union, Boukhari s'ouvrit les portes de la capitale.

Le clan contrôlait les boites de nuit parisiennes les plus en vue dans lesquelles le chaleureux et emphatique Alexandre usant de son charme et de son bagout ne tarda pas à tisser de précieuses relations avec des personnalités du show-business et les fils en goguette des diplomates de l'UNESCO, généralement des africains. Proche des fils, il s'efforça de rencontrer les pères et se bâtit un solide réseau d'utiles contacts.

Parallèlement, il devint le meilleur ami d'Anthony Deluques, fils du plus grand comédien français, une star au firmament, Alain Deluques. Les deux compères décidèrent de lancer une marque de vêtements de cuir siglée des initiales AD. Fureur du père qui entretenait avec son fils une relation orageuse. Refus du fils de modifier le nom de sa marque et d'abandonner des fréquentations que son père condamnait. Et, fait inhabituel dans le show-business français, et probablement en raison des accointances du père comme du fils avec le milieu du grand banditisme, une guerre s'engagea entre les deux hommes à coups de 11.43 que ponctuèrent quelques cadavres. Alexandre Boukhari, partie prenante dans cet absurde affrontement fut lui-même blessé d'une balle dans le dos un soir alors qu'il rentrait chez lui.

Le jeune apprenti mafieux s'était fourré dans de sales draps. Des draps souillés qui sentaient la cabane à court terme. Nous étions alors en 1986 et deux flics corses, François Serra et Lucien Poli, observateurs des récents évènements mais surtout intéressés par les nombreux liens noués par le jeune Alexandre, le tamponnèrent pour en faire un indicateur et étouffèrent l'affaire.

Il s'en passe des choses dans les palaces parisiens. Au Bristol, au Georges V, au Plazza Athénée, il est des lieux qui accueillent tout ce que l'Afrique et le Moyen-Orient comptent de puissance et d'argent. Autour d'eux, virevoltent une nuée de marchands, d'agents de sécurité, d'espions et d'obligés en tout genre. Après une virée dans les clubs en vue avec la descendance dorée des maitres de la rive sud de la Méditerranée, Boukhari retrouvait ses amis pour un petit déjeuner copieux à une table étoilée ou les rencontrait le soir pour un apéritif aux bars des mêmes hôtels. Indicateur n'était pas le mot approprié. Disons que le génie qu'employait

Boukhari à se lier d'amitié avec des hauts personnages auxquels il servait de guide nocturne, de camarade de bamboche, avait été remarqué. Les agents de la DST l'observaient et se demandaient comment ce type pouvait à ce point se démultiplier pour se trouver en compagnie de toute l'aristocratie africaine et toujours sur leur chemin.

Boukhari comprit immédiatement tous les avantages que sa vie clinquante en compagnie de ses nouveaux amis - jolies filles, voitures de sport, virées sur la côte d'Azur et en Suisse - pouvaient lui procurer, comparés à son destin de délinquant : plus d'argent, beaucoup plus, et moins d'ennuis, beaucoup moins.

Le choix fut donc évident. Il devint un obligé de tous, rendait des services : call-girls, clubs échangistes, boites de nuit, pas ou peu de stupéfiants en revanche, danger de faire d'un fils de président un junkie. Un petit rat de palace si utile. Bientôt, il vit le cash circuler, beaucoup de cash, et fiable, ne tarda pas à aider à son transit. Il débutait dans le grand monde. En contact avec tous, efficace, en retrait et mutique. Exactement la façon dont il fallait agir.

En 1990, Lucien Poli que sa paie de fonctionnaire ne contentait plus, mais surtout sponsorisé par son parrain, le puissant Charles Grimaldi, fut détaché auprès de la société française d'hydrocarbures PHF pour laquelle il effectua des « missions sensibles ». Séduit par le jeune Alexandre et ses liens établis en Afrique, il l'embaucha à ses côtés.

Ainsi Boukhari démarra dans les affaires comme porteur de valises. Il fut introduit, grâce à son remarquable entregent, auprès de nombreux ministres puis de chefs d'état africains ; dévoré d'ambition, seules les têtes de réseau l'intéressaient. Loyal, débrouillard, « l'homme qui rendait des services », au fil des années, se spécialisa comme intermédiaire dans les contrats internationaux pour de grands groupes français. Il jouait de ses relations orientales et africaines auprès du patronat français qu'il bluffait et charmait leur disant ce qu'ils voulaient entendre et donnait à voir ce qu'ils voulaient voir. Toujours sur les projets les plus rémunérateurs, virevoltant et remarquablement informé, il s'imposa sur un nombre croissant de deals, parfois avec brutalité. Boukhari devint ainsi « Monsieur Alexandre » comme la chrysalide évolue en papillon. Les années noires étaient loin. En 1995, son adresse et ses états de service, le firent entrer dans l'entourage de Dominique de Valinques et il devint un des hommes de l'ombre de la Chiraquie pour les questions d'argent et autres missions secrètes.

Fait assez incroyable, devenu richissime - il ne voyageait plus qu'en jet privé, louait des suites à l'année dans les meilleurs palaces parisiens, fréquentait les ghettos fortunés de Megève, l'île Moustique ou Genève où il résidait - il monta encore en grade pour devenir une figure centrale de l'organisation du capitalisme français et un acteur encombrant de la politique nationale. Contrats d'armements, gestion et distribution de l'eau, nucléaire, relations avec l'Afrique ou la Russie, il s'imposa partout dans les coulisses comme chef de bande pour faire ou défaire les carrières et prélever sa dime. Il n'avait pas totalement abandonné ses réflexes de jeunesse et pratiquait l'intimidation. Tous le craignaient. Il en savait des choses « Monsieur Alexandre ». Par exemple, par souci de sécurité, les fonds illégalement acquis, ont besoin de comptes détenus par des hommes de paille, des « nominee », disent les anglo-saxons, c'est plus chic. « Je les tiens par les couilles » se vantait souvent le pirate du CAC40. Les grands patrons surdiplômés qui aimaient autrefois, tels des boy-scoots, s'encanailler avec « Alex », pour retrouver quelques parfums virils, comprirent à leur dépend qu'ils se mettaient sous la coupe d'un homme sans scrupule même si aucun d'eux, amour propre oblige, ne l'admettait.

Face à lui, agissait souvent pour lui barrer la route, son adversaire, Ziad Thakine, intermédiaire comme lui au service de Kovacs dont il scrutait les agissements et qu'il haïssait.

« Allo Dominique, c'est Alexandre » « Dis-moi Alexandre » « Kovacs a la main sur le contrat Mica, nous en avons déjà parlé, tu te souviens ? » « Que veux-tu dire ? » « Il va faire un voyage surprise en Arabie Saoudite dans quelque jours pour signer le contrat. Il veut vous mettre devant le fait accompli et contrôler les commissions. Tu dois le stopper immédiatement. » « Transmets moi les détails sans tarder, je vais informer le président. »

Et voilà.

Kovacs était esseulé, traqué par de puissants adversaires, mais s'en fichait. L'important pour lui, au-delà des finances, était la communication. Un art où il excellait.

La communication, soit la manipulation de l'opinion.

Tout est propagande. Nous sommes tous des moutons arrogants. Des moutons parce que nos pensées nous sont inculquées et arrogants parce que nous croyons raisonner par nous-mêmes et en toute indépendance. La mauvaise foi est le vice gémellaire de l'arrogance. Face à la démonstration que nous sommes joués par plus malin nous refusons d'admettre la vérité. Nous nions tout argument rationnel pour ne pas perdre la face. L' « amour propre », voilà la clé. Flattez et vous obtiendrez ce que vous souhaitez. Vous obtiendrez ce que l'autre vous refuserait si vous lui présentiez « honnêtement » vos intentions.

Edward Bernays, citoyen américain, neveu de Sigmund Freud, est le père cynique des meilleures techniques de propagande utilisées dans les démocraties capitalistes. Selon lui la direction du peuple ne saurait échoir au peuple mais à une élite qui, derrière les rideaux, tient le pouvoir et assure son bonheur via la défense de son portefeuille et de son pouvoir.

« La manipulation consciente et intelligente des actions et des opinions des masses est un élément important dans une société démocratique. Ceux qui manipulent ce mécanisme invisible de la société, constituent le gouvernement invisible qui est le vrai pouvoir de notre pays. Nous sommes gouvernés, nos esprits sont formés, nos goût éduqués, nos idées suggérées en grande partie par des hommes dont nous n'avons jamais entendu parler. »

La foule est régie par ses instincts et l'estime qu'elle se voue. Elle n'obéit pas à la raison, elle est incapable de déterminer ses intérêts et donc de les défendre. Une démocratie bien établie manipule mais ne contraint pas ; elle serait une sorte de dictature arrivée à maturité. Influencer, ne pas imposer, voilà le mot d'ordre. Quand le pouvoir est visible et dicte par la force son agenda, le risque est celui de la révolte.

Bernays a offert son intelligence machiavélique aux grands noms de l'industrie et au gouvernement américain qui mirent en œuvre avec efficacité ses préceptes. Par exemple, dans les années 20, il fut mandaté par la firme de tabac « Lucky Strike » pour augmenter ses ventes. Bernays décida de persuader les femmes de se mettre à fumer. A l'époque les fumoirs étaient réservés aux hommes et les seules femmes qui bravaient l'interdit étaient les prostituées. L'idée fut donc de dé-stigmatiser le tabagisme féminin. Bernays organisa une manifestation composée de femmes cigarettes en main lors du Dimanche de Pâques de l'année 1929 à New York. Ces potiches (elles étaient rémunérées) arboraient des pancartes sur lesquelles était écrit « Torches de la Liberté ». L'idée fondamentale était d'associer à une pratique déconsidérée une représentation symbolique, une signification qui allait permettre de légitimer son usage et de procéder à une audacieuse transgression. La cigarette ne devait plus être vue comme un signe de vulgarité mais comme un symbole d'émancipation, d'appropriation du phallus masculin. Une femme qui fumait combattait pour sa liberté, une femme qui fumait était une révolutionnaire. La raison est remplacée par le symbole. Cette stratégie a remarquablement fonctionné. Encore aujourd'hui, le tabagisme féminin n'est pas seulement perçu comme une regrettable addiction, une calamité, mais un signe d'égalité historique, conquis de haute lutte, alors qu'il ne fut rien d'autre qu'une froide stratégie commerciale conçue par les fabricants de tabac.

Chapitre 50

Décembre 2003

- Comment vas-tu Vincent ? Fait Serra assis en terrasse d'un café parisien.

Une petite pluie fine s'abat sur Paris et éclaircit les rues. Les pavés brillent comme cirés et les cafés en quête de quelques clients ont déroulé stores et auvents. Jeudi matin, la capitale est déserte, la moitié de la ville est engloutie dans ses bureaux.

- Bien, bien, je te remercie répond Leroux, heureux de retrouver son ami. Quelles sont les nouvelles ?

Serra et lui badinent quelques minutes, le policier l'entretient sur le ton de la confidence des dernières anecdotes lestes sur les mœurs de quelques personnalités : celles qui fréquentent les boites échangistes, celles qui aiment se faire fouetter, celles qui dissimulent leur homosexualité ou celles qui sont notoirement pédophiles. Vincent rit, il apprécie d'être mis dans la confidence, elle renforce son sentiment d'appartenance à une élite, celle qui détient les secrets inavouables des autres.

Si Leroux est un fin psychologue, toujours capable de comprendre ce que l'autre pense, pour devancer ses désirs les plus profonds et les contenter, il est dominé sur ce terrain par le corse. Serra a fait de la psychologie un art.

Leroux avait voulu devenir son « ami » et celui-ci avait tout de suite saisi son point faible : les sentiments qu'il nourrissait à son égard. S'il voulait de l'amitié, il lui en donnerait, à coups de de pseudo révélations et de plaisanteries. Son cœur dur était perméable à peu et pas à un petit trader immature et à la dérive. En matière d'amitié, beaucoup souffrent de désillusions.

Vincent était toujours heureux de rencontrer François. D'abord il était reconnaissant et admiratif de son efficace intervention pour faire cesser le chantage dont il avait été l'objet, ensuite, il était fasciné par les hommes qui dégageaient, comme Serra, une force et une autorité naturelle. Si Vincent méprisait les petits barons diplômés issus de son milieu - il pensait leur talent largement surévalué - il se soumettait instinctivement aux « mâles alpha ». C'était sa nature. Il était aussi fasciné par les services secrets qu'ils fussent la DST, la DGSE ou les Renseignements Généraux. Une vie aventurière d'espion, voilà au fond, ce dont rêvait son cerveau romantique et agité.

Complices, les deux hommes relurent les noms inscrits au listing de Clearing SA.

Depuis plusieurs semaines, Serra supervisait les nouveaux ajouts, et « conseillait » son indic qui se réjouissait de son hardiesse. Ils avaient longuement devisé au cours de leurs rencontres de la manière dont les fausses informations infusaient dans le cerveau de Bonnier. Et après avoir « réfléchis ensemble » ou plutôt après que Serra eut convaincu Leroux de la nécessité de tester la solidité de son pouvoir de manipulation, il suggéra d'adjoindre au listing des noms de personnalités toujours plus sensibles.

Leroux joueur et admiratif, bon élève, se montra enthousiaste à cette idée. Abuser un des personnages les plus puissants de l'industrie le réjouissait et le rassurait. Bonnier à sa main, il pensait demeurer le maitre du jeu. En outre, il entrait de nouveau profondément, et pour son plus grand bonheur, dans les services secrets, ceux de la citadelle policière ; une corde de plus à son arc. Engagé au profit de plusieurs écuries, il se voyait maitre de son destin.

- Comment ça se passe avec les noms de Kaltman, Avènement et consort, il est toujours convaincu de leur réalité le vieux ? Interroge Serra.
- Il a tout gobé ! Répond Leroux, il ne s'est même pas montré sceptique comme je te l'ai dit, et rien n'a changé à ce jour. Je peux lui soumettre absolument n'importe qui !
- Il ne s'est pas étonné le « grand stratège de l'industrie » ? Continue Serra calme et sourire en coin. Il n'a pas prononcé des phrases comme : « C'est bizarre. » ou « Je ne peux pas croire une chose pareille », haussé le sourcil, montré des signes de doute ?
- Aucun.
- Ok, bravo, tu es un as de la persuasion, le félicite Serra.
- Merci François, répond Leroux, sobre mais au fond de lui flatté par le compliment d'un expert de la mystification. François, rajoute-t-il, pourquoi m'as-tu demandé de faire tout ça ?
- Un test, un test psychologique si tu préfères.
- Nous en avons déjà parlé. Sur la naïveté de Bonnier. Mais encore ? Dans quel but ?

- Vois-tu Vincent, dans le renseignement, les candides sont de bons candidats à l'intoxication, mais il faut s'assurer qu'ils sont totalement en confiance. Et de ce point de vue tu as bien travaillé ces dernier mois. Je suis vraiment impressionné par tes capacités de conviction. Tu es doué Vincent, vraiment doué.
- Merci François, fait Leroux heureux de cette marque de confiance. J'ai fait ce que vous vouliez. Maintenant je m'interroge. Qu'avez-vous derrière la tête ? Je ne saisis pas le but de l'opération, insiste-t-il.
- Parce qu'elle n'est pas finie Vincent. En fait elle commence maintenant, répond Serra toujours admiratif malgré lui de la vivacité de son protégé.
- Que veux-tu dire ? Je ne comprends pas, insiste de nouveau Leroux.
- Rajoute le nom suivant : « Nicolas Burchard-Bélaváry » et avertit Bonnier, propose Serra.
- De qui s'agit-il ? Ce nom me dit vaguement quelque chose.
- C'est le nom de famille du père du ministre de l'intérieur.
- Oh ! Fit Leroux visiblement secoué.

Le père du ministre, artiste peintre kitsch à ses heures perdues, coureur de jupon notoire, faisait parfois la couverture de journaux hostiles à Kovacs qui prenait ces attaques fort mal. Son nom circulait régulièrement au sein de l'élite française qui s'amusait de ses frasques, ses ridicules tableaux et ses déclarations tapageuses.

- Oui ne t'inquiète pas, c'est politique tout ça, ajoute aussi le nom de mon patron «Bernard Piétri » pour faire bonne figure. Il est au courant.
- Mais on fait quoi là François ? On lâche une bombe ? Fait Leroux stupéfait et exalté sans toutefois

comprendre totalement l'opération à laquelle il participe mais devine qu'il n'obtiendra pas d'informations complémentaires de la part de Serra.

Après avoir marqué un silence pour ajouter à l'importance de la conversation, Serra répond :

- Oui, on lâche une bombe. C'est exactement cela. On verra bien si elle pète ! Le billard, toujours le billard, tu connais ?
- Tu penses que tu pourras me trouver une place à la DST ou au RG après toute cette affaire ? Je pense que j'ai des aptitudes pour le renseignement.
- Oh, c'est le moins que l'on puisse dire Vincent, c'est le moins que l'on puisse dire. Nous ne t'oublierons pas. Ne t'en fait pas. Tu fais partie désormais de l'équipe. Celle du cheval gagnant.

A cette phrase, Leroux rosit de plaisir et s'admira. Il appela Marlène à l'issue de l'entretien pour la voir immédiatement et se livrer à un marathon sexuel pour relâcher la pression. « Tu vas prendre chère salope ! » l'invectiva-t-il au téléphone. « Je suis toute mouillée pour toi mon étalon ! » lui répondit-elle un doigt dans sa chatte, excitée au seul son de sa voix.

Chapitre 51

Dès le début l'été 2004, l'instruction du juge Van Akerlaken fuita rapidement dans la presse par l'entremise de quelques contacts de Serra.

Le 8 juillet, en une d'un périodique, s'étalait la première lettre du « corbeau » reprise par toute la presse. Bientôt le nom de « Clearing SA » occupa télévisions, radios et journaux jour et nuit. Nicolas Kovacs envahit le spectre médiatique. Le ministre de l'économie était un « corrompu ».

« Bientôt boum ! » faisait Kovacs en riant devant Bernard Piétri dans son bureau une coupe de champagne à la main.

Serra appela Alexandre Boukhari, d'abord parce qu'il était un ami véritable, un homme de sa trempe, et ensuite pour jouer sur les deux tableaux et garantir ses arrières. Il fut allusif mais suffisamment clair pour que Boukhari prévint De Valinques que cette affaire sentait le cadavre. Trop tard cependant pour que le train déraille, c'est-à-dire après que Van Akerlaken fut instrumentalisé. Tout est une question de dosage. Serra était à la frontière des deux écuries. Il voulait aussi mettre en valeur son cher copain Boukhari, l'homme qui « rendait des services » et le prévenir qu'il allait bientôt devoir changer de camp et se soumettre à un nouveau maitre. Si Boukhari détestait encore Kovacs à l'époque, il comprit où se situait son intérêt et fut reconnaissant à Serra de le rappeler à l'ordre.

Clearing SA et la Suisse avaient été attaqués avec un tel acharnement par Dubois, les médias et la représentation nationale française ces dernières années sans que jamais leurs dénégations ne fussent audibles – la finance mondialisée a toujours tort aux yeux de l'opinion - que les commissions rogatoires envoyées par la justice française furent perçues comme une bénédiction à Bern. C'est avec zèle que les magistrats helvétiques se dépêchèrent fin Août 2004 d'envoyer une fracassante réponse négative au juge français. Non aucun des comptes mentionnés n'était ouvert, n'avait jamais été ouvert dans les livres de Clearing SA. Les listings envoyés par le juge avaient été falsifiés !

Pour Van Akerlaken, le travail de faussaire de Leroux eut des conséquences dramatiques. Un faux dont tous les médias parlaient et introduit dans le dossier par un procédé douteux – un faux corbeau inventé de toute pièce – par le juge ! Voilà qui était assez pour faire scandale. Le conseil supérieur de la magistrature ne manqua pas cette fenêtre de tir pour inviter Van Akerlaken à venir s'expliquer après une plainte déposée par le ministre de la justice. Une humiliation, un caillou supplémentaire glissé dans sa chaussure. Affaibli, esseulé, ridiculisé par le secret-défense qui lui fut opposé à quatre reprises par la « commission consultative du secret de la défense nationale » dont les avis furent suivis par tous les ministres, son instruction de l'affaire des frégates de Taïwan, paralysée, s'écroula comme un château de cartes. Faute d'éléments à charge suffisants, il dut rendre une ordonnance de clôture en 2006. Un naufrage judiciaire voulu par l'exécutif. Fermez le Ban. Il n'y avait rien à voir, rien à dire, rien à écrire et rien à juger.

Le billard on vous dit, le billard.

Chapitre 52

Au retour des commissions rogatoires, Nicolas Kovacs, après s'être assuré qu'elles étaient effectivement négatives - on ne savait jamais, un compte dangereux et réel aurait pu être pêché dans la nasse d'inepties confiée au juge - hurla au complot avec toutes les personnalités incriminées à tort. Il déposa plainte alors que la petite bande pieds nickelés : Bonnier, De Valinques, Leroux, et Dubois fut jetée en pâture à l'opinion publique puis mis en examen en juillet 2007.

Boursoufflet lui passa entre les mailles, pour devenir simple témoin.

« J'irai jusqu'au bout de l'exigence de vérité car on ne doit plus jamais connaitre de scandales de cette nature dans la République française ! » Martela Kovacs en tribune. Et, en privé, il ajouta « Je pendrai de Valinques à un croc de boucher !» sachant que ses propos allaient être diffusés.

Kovacs préparait une campagne martiale et expéditive, ce discours cadrait avec l'image qu'il souhaitait projeter de lui-même : celle d'un homme sans états d'âmes (ce qu'il était) et efficace (ce qu'il n'était pas).

Il se réjouit sans pudeur, ce n'était pas son genre, devant les siens. « Pan ! » dans la figure du « baratineur de salon » et du « vieux con grabataire ». Un bon procès se préparait comme ils l'avaient voulu, certes, mais à charge ! « Ah les cons ! » Riait aux éclats le ministre de l'économie.

Bonnier, saisi de stupeur, refusa de croire des mois encore à la supercherie. Paranoïaque, épuisé mentalement, il supposa que ses puissants ennemis avaient pris des mesures de protection, comme cela était leur habitude. Il se confiait à qui voulait l'entendre que le complot était réel et en cours. Mais il était désormais seul.

Très vite, ce fut le branle-bas de combat dans tous les services mandatés par tous les ministres concernés et le président lui-même. Ils jetèrent ensemble leurs limiers à l'assaut de Clearing SA et, dès octobre 2004, ils sifflèrent la fin de la récréation : toute cette affaire était factice, confirmèrent les enquêtes secrètes.

Dans ses carnets, le général Boursoufflet nota : « Pour de Valinques, il est maintenant presque établi qu'il y a eu montage et que Bonnier en est à l'origine avec 'Oasis'. Jean-Louis Bonnier : qu'il se soigne ! Le voir ? »

Le pauvre Bonnier devenu paria, mais têtu, investit 400 000 Euros de ses propres deniers pour missionner des officines spécialisées dans le recherche de la vérité. Sans résultat. Ce ne fut qu'en 2006, après un lent travail sur lui-même, qu'il admit enfin avoir été joué.

Après l'explosion de l'affaire « Clearing SA » dans les médias à laquelle personne ne comprenait rien, sauf qu'il s'agissait d'une machination dont Kovacs était la première victime, tout fut facile pour le nouveau chef du parti conservateur. Du billard.

Au pôle financier, deux juges furent nommés, Phuis et Dons, pour instruire sur le corbeau et sa dénonciation calomnieuse. Ils passeront 4 années à enquêter et perquisitionner au cœur du pouvoir exécutif et de la Chiraquie, pour décrédibiliser ses derniers membres.

Quatre années de calvaire pour De Valinques et les siens, totalement englués dans un scandale devenu marronnier des médias.

Pour Kovacs, désormais, la route du pouvoir suprême était ouverte. Elle était même totalement déblayée.

En mai 2007, il fut élu président de la république française.

Fin de partie.

Pour l'anecdote, le procès de Jean Louis Bonnier, Vincent Leroux et Dominique de Valinques se tint en septembre 2009. Le 28 janvier 2010, le jugement fut rendu par le tribunal correctionnel de Paris.

Bonnier fut reconnu de coupable de dénonciation calomnieuse, usage de faux, recel, abus de confiance et vol et condamné à trois années d'emprisonnement dont 15 mois fermes et 40 000 euros d'amende.

Dans ses attendus, la 11ème chambre correctionnelle du tribunal de grand instance de Paris dressa le portait suivant de la victime expiatoire qu'était devenu le stratège d'EDA :

« Pour satisfaire des intérêts personnels, Jean Louis Bonnier fut l'initiateur et l'auteur principal des délits de dénonciations calomnieuses utilisant des documents dont il savait la provenance frauduleuse et qu'il savait altérés ; il a su instrumentaliser les autorités et a été le seul à maîtriser le processus labyrinthique de la calomnie afin de poursuivre son œuvre malfaisante ; il doit être considéré comme pleinement responsable de ses actes, qui sont révélateurs d'une personnalité particulièrement nuisible et inquiétante en raison d'une duplicité exceptionnelle qu'il a manifestée dès les prémices des dénonciations, jusqu'au terme des débats. L'exceptionnelle ampleur de la machination n'a d'égale que la détermination implacable grâce à laquelle Jean-Louis Bonnier, avec la collaboration de Vincent Leroux, a construit son piège, le profond mépris dans lequel ils ont tous les deux tenu les autorités ministérielles et judiciaires auxquelles ils ont choisi de dénoncer leurs mensonges, et leur haute indifférence à l'égard de si nombreuses personnes, physiques ou morales, injustement dénoncées. ».

Il y a la vérité judiciaire et il y a la vérité.

Vincent Leroux perdit tout et comprit un peu tard qu'on se brule les ailes à trop approcher le soleil. Il fut reconnu coupable de complicité de dénonciation calomnieuse, de faux, d'usage de faux, de recel d'abus de confiance et condamné à trois ans d'emprisonnement dont 18 mois ferme et 40 000 euros d'amende.

Dominique de Valinques fut relaxé. Il avait pris ses distances assez tôt d'avec ses comparses, niant avec obstination tout élément qui pouvait laisser croire qu'il fut à l'initiative du funeste projet pour se poser en victime. Sa défense avait été remarquablement préparée.

Le parquet fit appel et le 14 septembre 2011, Bonnier écopa de 3 années de prison, dont 6 mois fermes seulement et de 40 000 euros d'amende. Le jugement de première instance fut confirmé pour De Valinques et Leroux.

Une loi subrepticement votée le 24 novembre 2009, pour faire face à la sous capacité carcérale chronique française, en totale contradiction avec le discours sécuritaire du nouveau président qui prévoit que si la peine prononcée est égale ou inférieure à deux ans d'emprisonnement ferme et que le tribunal n'a pas prononcé de mandat de dépôt à l'audience, toute personne condamnée peut bénéficier d'un aménagement de peine, permit à Leroux d'échapper aux geôles de la république qu'il craignait tant. Ultime coup de chance dans sa carrière mouvementée.

A un journaliste il confia : « J'ai accumulé les moments où j'aurai pu arrêter. J'étais un peu comme un drogué face à son addiction, toujours plus forte. Plus j'avançais, plus mon ascension professionnelle montrait une pente positive. Comme en mathématiques, le taux d'accroissement de la fonction demeurait positif, à la façon d'une courbe exponentielle. Chaque fois que je pensais mettre un terme à tout cela, je regardais du haut de cette courbe et me disais : « la chute va être brutale. » alors j'essayais en vain de trouver une solution. Mon destin a été une fuite en avant. »

Jamais aucun service ne lui proposa aucun emploi. Tous se détournèrent de lui. Sa femme divorça et sa maitresse épousa un homme fortuné. Il était totalement carbonisé mais il ne le comprit jamais totalement en dépit de sa grande intelligence.

Chapitre 53

Dans la savane en feu une grenouille fuit les flammes et arrive au bord d'une rivière. Sur la rive, un scorpion l'interpelle : « Aide-moi à traverser ! » demande-t-il.

La grenouille, méfiante, fait un saut de côté et se tient à bonne distance.

- Rassure-toi, lui dit le scorpion, je ne te veux aucun mal, fais-moi traverser la rivière, sauve moi des flammes qui approchent !
- Pourquoi ferai-je une chose pareille ? Tu attaques les animaux comme moi habituellement.
- Ecoute-moi, je t'en supplie ! De l'autre côté, alors que tous les animaux fuient en un indescriptible chaos, tu rencontreras des prédateurs affamés et je t'en protègerai, j'en fais le serment.
- Et si tu me piques pendant la traversée ?
- Je serai bien le dernier des idiots pour faire une telle chose, si je te tue, nous mourrons tous les deux !

La grenouille réfléchit et finalement accepte l'offre du scorpion, la proposition semble raisonnable.

Ainsi s'engagent-ils sur la rivière, le scorpion sur le dos de la grenouille.

Alors qu'ils rejoignent le milieu des eaux, le scorpion pique la grenouille de son aiguillon.

- Mais es-tu fou ? Hurle la grenouille, nous allons mourir ! Pourquoi fais-tu cela ?
- C'est ma nature, répond le scorpion.

Ce livre a été imprimé en France

Dépôt légal : Mars 2022

* 1208077-1709021 * 8